# TEATRO COMPLETO

em 12 volumes

BERTOLT BRECHT

# TEATRO COMPLETO

em 12 volumes

2.ª edição

PAZ E TERRA

*Coleção* TEATRO
vol. 12
*Direção*: Fernando Peixoto

BERTOLT BRECHT
TEATRO COMPLETO
em 12 volumes
IV

A SANTA JOANA DOS MATADOUROS (1929-1931)
Tradução de Roberto Schwarz

A EXCEÇÃO E A REGRA (1929-1930)
Tradução de Geir Campos

A MÃE (1931)
Tradução de João das Neves

OS SETES PECADOS CAPITAIS DOS PEQUENO-BURGUESES (1933)
Tradução de Fernando Peixoto

ESTUDO: A Santa Joana dos Matadouros
Roberto Schwarz

*Título dos originais em alemão:* Die heilige Johanna der Schlachthöfe; Die Ausnahme und die Regel; Die Mutter; Die sieben Todsueden der Kleinbuerger; em Gesammelte Werke in 20 Baenden, Werkausgabe Edition Suhrkamp.

*Coordenação geral:* Christine Röhrig — Fernando Peixoto

*Capa:* Isabel Carballo

*Revisão:* Carmen T.S. Costa

Dados de Catalogação na Publicação (CIP) Internacional
(Câmara Brasileira do Livro, SP, Brasil)

Brecht, Bertolt, 1898-1956.
Teatro completo, em 12 volumes/Bertolt Brecht; – Rio de Janeiro: Paz e Terra, 1990. – (Teatro completo/Bertolt Brecht; 4) (Coleção teatro; v. 12)

Tradução de Roberto Schwarz ... et al.

Publicados v. 1-4.

1. Teatro alemão I. Título. II. Série.

90-0426 CDD-823.91

Índices para catálogo sistemático:
1. Século 20: Teatro: Literatura alemã 832.91
2. Teatro: Século 20: Literatura alemã 832.91

Direitos adquiridos pela
Editora Paz e Terra S/A
Rua São José, 90 - 11º andar
Centro - Rio de Janeiro, RJ
Tel.: 221-4066
Rua do Triunfo, 177
Santa Efigênia - São Paulo, SP
Tel.: 223-6522



1994
Impresso no Brasil
*Printed in Brazil*

# Índice

# A Santa Joana dos matadouros

Die heilige Johanna der Schlachthöfe

Escrita em 1929-1931

*Tradução:* Roberto Schwarz

## PERSONAGENS

Joana Dark, tenente dos Boinas Pretas
Pedro Paulo Bocarra, em alemão Pierpont Mauler, o Rei dos Frigoríficos
Cridle, Graham, Lennox, Meyers, magnatas da carne em conserva
Slift, um corretor
Dona Luckerniddle
Gloomb, um trabalhador
Paulus Snyder, major dos Boinas Pretas
Marta, soldado dos Boinas Pretas
Jackson, tenente dos Boinas Pretas
Mulberry, um locatário
Um Servente
Industriais da carne enlatada
Atacadistas
Criadores de Gado
Corretores
Especuladores
Boinas Pretas
Trabalhadores
Dirigentes Operários
Os Pobres
Detetives
Jornalistas
Jornaleiros
Soldados
Passantes

Colaboradores: H. Borchardt, E. Burri e E. Hauptmann

1

## O REI DOS FRIGORÍFICOS PEDRO PAULO BOCARRA (MAULER) RECEBE UMA CARTA DE SEUS AMIGOS DE NOVA YORK

*Nos matadouros de Chicago.*

BOCARRA, *lendo uma carta* — "Tudo indica, querido Pedro Paulo, que o mercado de carne agora está bastante abarrotado. Acresce que as barreiras alfandegárias do Sul resistem ao nosso ataque. Parece aconselhável portanto, caro Pedro Paulo, largar mão do comércio de carne". Esta dica de meus caros amigos de Nova York chegou hoje. Aí vem o meu sócio. *Ele esconde a carta.*

CRIDLE —
Por que tão sombrio, caro Pedro Paulo?

BOCARRA —
Lembra-te, Cridle, o dia
Em que percorrendo o matadouro — era noite —
Paramos ao pé da máquina de enlatar presunto?
Lembra-te, ó Cridle, aquele vitelo
Que virava o olho claro, grande e obtuso para o céu
Enquanto entrava na faca? Senti como se fosse carne
Da minha carne.
Ai de nós, Cridle, como é sangrento o nosso comércio.

CRIDLE —
Mais uma vez a tua velha fraqueza, Pedro Paulo?
É quase inverossímil. Você, o gigante dos enlatados
O rei dos matadouros que faz tremer os açougueiros deste país
Você se desfaz em compaixão por um bezerro loiro.
Peço-te que não traias tal fraqueza diante dos outros.

BOCARRA —
Leal amigo Cridle!
Eu não devia ter ido ao matadouro!

Em sete anos que estou neste negócio não fui lá
Evitei. Mas agora que fui, é mais forte do que eu: hoje mesmo
Deixo este negócio sanguinário.
Fique você com ele, a minha parte eu te deixo a preço
Vil, e deixo de coração. Ninguém como você
É unha e carne com este negócio.

CRIDLE —
A preço vil, quanto?

BOCARRA —
Entre velhos amigos não
Cabe pechinchar muito.
Digamos dez milhões.

CRIDLE —
Não estaria caro se não fosse o Lennox
Que disputa conosco lata por lata de carne
Que nos estraga o mercado com preços baixos
Que nos liquida se não for liquidado.
Enquanto ele não cair, e só você pode derrubá-lo
Não aceito a tua proposta. Até lá
Usarás a tua privilegiada inteligência cheia de astúcias.

BOCARRA —
Não, Cridle, os gemidos daquele vitelo
Não silenciam mais neste peito. É urgente
A destruição de Lennox, porque eu próprio
Desejo tornar-me um homem bom e já
Não quero ser um carniceiro. Vem, Cridle, vou
Te mostrar como se quebra o Lennox em pouco tempo.
Em seguida ficarás com minha parte neste comércio que me dói.

CRIDLE —
Quando Lennox for abatido.

*Os dois saem.*

# 2

## a

## A QUEBRA DAS GRANDES INDÚSTRIAS DE CARNE

*Diante das Indústrias Lennox.*

OS TRABALHADORES —
Somos setenta mil trabalhadores nas Indústrias de Carne Lennox
E não podemos viver nem mais um dia com este salário de fome
Que ontem, por cima, voltou a baixar.
Hoje, os provocadores madrugaram no portão:
Quem acha pouco o que Lennox paga
E só ir embora.
Pois bem, vamos todos embora e mandemos
À merda este salário que dia a dia é menor.
*Silêncio.*
Não é de hoje que este trabalho nos repugna
Que esta fábrica nos suplicia, e jamais
Não fosse a soma dos horrores da fria Chicago
Nós estaríamos aqui. Agora porém
Que doze horas de trabalho já não pagam
Um pão ou uma calça ordinária, agora
Mais vale ir embora já
E esticar as canelas hoje, em vez de amanhã.
*Silêncio.*
Eles estão pensando o quê? Pensam
Que somos gado
Que aceitamos tudo? Nós
Somos trouxas? Antes morrer! Nós
Vamos embora daqui imediatamente.
*Silêncio.*
Já não são seis horas?
Por que não abrem os portões, seus exploradores? Aqui
Está o seu gado, seus carniceiros, abram!
*Batem nos portões.*
Será que esqueceram de nós?
*Gargalhadas.*
Abram! Nós

Queremos entrar em vossas
Arapucas e cozinhas imundas para
Preparar carne de restos
Para outras bocas mais endinheiradas.

*Silêncio.*

Exigimos no mínimo
O salário anterior, que já era insuficiente, no mínimo
A jornada de dez horas, no mínimo...

UM HOMEM *que passa* —
O que estão esperando? Não sabem
Que Lennox fechou?

*Jornaleiros cruzam o palco correndo.*

OS JORNALEIROS — Fechadas as indústrias do rei da carne Lennox! Setenta mil trabalhadores sem pão nem teto! Lennox vítima da implacável guerra de preços do rei da carne e da filantropia Pedro Paulo Bocarra.

OS TRABALHADORES —
Ai de nós!
O próprio inferno
Nos fecha as suas portas!
Estamos perdidos. O sanguinário Bocarra
Aperta a garganta de nosso explorador
E quem sufoca somos nós!

## b

## P. P. BOCARRA

*Rua.*

OS JORNALEIROS — *A Tribuna de Chicago*, edição da tarde! O rei da carne e da filantropia P. P. Bocarra comparece à inauguração dos Hospitais Bocarra, os maiores e mais caros do mundo!

*Passam Bocarra e dois homens.*

UM PASSANTE *a outro* — Aquele é o P. P. Bocarra. Você conhece os

UM PASSANTE *a outro* — Aquele é o P. P. Bocarra. Você conhece os outros dois?

O OUTRO — São detetives. Estão de olho para impedir que ele seja linchado.

c

## PARA TRAZER CONSOLO À DESOLAÇÃO NOS MATADOUROS OS BOINAS PRETAS SAEM DE SEU QUARTEL: PRIMEIRA DESCIDA DE JOANA ÀS PROFUNDEZAS

*Diante do quartel dos Boinas Pretas.*

JOANA *à frente de um comando de Boinas Pretas* —
Em tempos turvos de caos cruento
E desordem por decreto
E abuso previsto
E humanidade desfigurada
Quando a agitação nas capitais já não pára de engrossar
Descemos aos matadouros
A que se parece o mundo.
Chamados
Pelo boato de violências iminentes
A fim de impedir que em sua brutalidade a gente simples
Destrua as próprias ferramentas
E pise o seu pão, nós trazemos
Deus.
A popularidade Dele não é o que era.
Malvisto por muitos
Ele já não tem entrada
Nos domínios da vida real:
E no entanto é Ele a única salvação dos espezinhados!
Por isto nos decidimos
A rufar os tambores em Seu nome
Para que Ele tome pé nos bairros miseráveis
E a Sua voz ecoe nos matadouros.
*Aos Boinas Pretas* —
E esta nossa iniciativa é com certeza

A última no gênero. A tentativa derradeira
De reerguê-Lo em meio à desagregação geral, e isto
Com o apoio dos espezinhados.

*Afastam-se batendo os tambores.*

d

## OS BOINAS PRETAS TRABALHAM DA MANHÃ ATÉ A NOITE NOS MATADOUROS, MAS QUANDO A TARDE CAIU NÃO HAVIAM ALCANÇADO PRATICAMENTE NADA

*Diante das Indústrias Lennox.*

Um Trabalhador — Parece que estão tramando mais uma negociata gigantesca no mercado de carnes. Enquanto isto nem a nossa fome nós enganamos.

Outro Trabalhador — A luz do escritório está acesa. Eles estão calculando os lucros.

*Chegam os Boinas Pretas. Armam uma publicidade: "Um teto a 20 centavos por noite; com café, 30".*

Os Boinas Pretas *cantam* —

Atenção, muita atenção!
O senhor aí que está falido
A moça ali que está um trapo
O vosso pranto foi ouvido.
Calem-se as buzinas, cesse o ronco dos motores!
Esperança, irmãos: eis os vossos protetores!
E tu, a ponto embora de naufragar
Dá-nos teu olhar
Antes de afundar.
Nós te trazemos pão
E garra para lutar
Pela tua salvação.
E não queiram dizer que é tudo inútil
Pois a situação da injustiça fica insustentável
Se todos vierem conosco e marcharem

De mãos dadas, numa forma responsável.
Faremos desfilar canhões e tanques
Aviões em quantidade
Cruzadores cruzarão o mar
Teu prato de sopa, irmão, eles vão batalhar.
Pois o vosso número, pobres da terra,
De tão aterrador,
Fará do rico o vosso defensor!
Avante pois, ao assalto, com as frontes levantadas!
Ânimo, ó náufragos da vida! Aqui estamos de mãos dadas!

*Durante o canto os Boinas Pretas distribuem o seu jornalzinho,* O Brado de Guerra, *além de pratos, colheres e sopa. Os trabalhadores dizem "obrigado" e escutam a fala de Joana.*

JOANA — Somos os soldados de Deus. Por causa de nossos chapéus, chamam-nos de Boinas Pretas. Onde cresce a agitação, onde desponta a violência, aí estamos nós, marchando com tambores e bandeiras, lembrando aos homens que Deus existe, coisa que todos esquecem. Nós nos dizemos soldados porque formamos um exército, que marcha contra o crime e a miséria, contra as forças que nos puxam para baixo. *Ela começa a distribuir a sopa.* Muito bem, agora vocês tomem a sopa antes que esfrie, e hão de ver que a vida logo melhora, mas façam o favor também de pensar um pouco Naquele que nos dá a sopa e todas as demais coisas. E quanto estiverem pensando Nele, vocês verão que é Ele a solução definitiva. Ambições altas, sim; vulgares, não. Disputar um bom lugar lá em cima, e não aqui embaixo. O importante é ser o primeiro no céu, e não na terra, que não resolve. Aliás, vocês mesmos estão vendo como é precária a felicidade terrena. Ela é inteiramente incerta. A desgraça cai sobre nossas cabeças de repente e sem explicação, como a chuva que nos molha sem que ninguém seja culpado. Haveria acaso um responsável pelas suas desgraças?

UM DOS QUE ESTÃO COMENDO — A culpa é de Lennox & Cia.

JOANA — Mister Lennox possivelmente esteja mais aflito que vocês. Vocês o que têm a perder? Ele está perdendo milhões!

UM TRABALHADOR — O caldinho está ralo, mas água quente faz bem à saúde.

OUTRO — Quem estiver comendo cale a boca e ouça as palavras do céu. Porque senão vamos ficar também sem a sopinha.

JOANA — Calma! Caros amigos, qual será a razão da sua pobreza?

UM TRABALHADOR — A explicação da moça deve ser brilhante.

JOANA — Eu vou explicar. A sua pobreza não reside na falta de bens terrenos — estes não dão mesmo para todos — mas na sua falta de espiritualidade. É por isto que vocês são pobres. As satisfações baixas a que vocês aspiram, uma janta, a casa arranjada, o cinema, são satisfações vulgares e materiais, mas a palavra de Deus é um prazer mais fino, mais íntimo, mais requintado, vocês talvez não imaginem nada mais doce que um sorvete, mas a palavra de Deus é muito mais doce, ela é infinitamente doce! É como leite e mel, e quem mora com Ele mora num palácio de ouro e mármore. Gente sem fé! Os pássaros que cruzam os céus não têm carteira de trabalho, os lírios do campo não têm emprego, mas Deus lhes dá o sustento, para que cantem a Sua glória. Vocês só pensam em subir na vida, mas subir para onde, subir de que maneira?! Nós, Boinas Pretas, fazemos a vocês uma pergunta muito prática: o que é preciso para ser alguém?

UM TRABALHADOR — Um pistolão forte...

JOANA — Não, o pistolão não adianta. Talvez ajude a progredir, aqui na terra, mas diante de Deus é preciso ter muito mais, uma recomendação melhor, e aí vocês não têm nada, porque descuidaram de sua alma. Vocês querem melhorar de vida, mas o que é que vocês, ingênuos, entendem por "melhorar"? Pensam que será usando a força bruta? A força leva à destruição, e mais nada. Vocês acreditam que mostrando as garras conquistam o paraíso. Pois eu lhes digo que por aí não se vai ao paraíso, por aí se vai ao caos.

*Um trabalhador entra correndo.*

O TRABALHADOR —

Vagou um emprego!
Um emprego com salário
Na fábrica número cinco!
É um emprego de merda.

Corram!

*Três trabalhadores deixam o prato cheio e saem correndo.*

JOANA — Ei, vocês aí, aonde vão? Quando se trata de Deus vocês não têm ouvidos, hem?

UMA BOINA PRETA — A sopa acabou.

OS TRABALHADORES —
Acabou a sopinha.
Era pouca e rala.
Mas melhor do que nada.

*Todos se levantam para ir embora.*

JOANA — Acabou, mas que importância tem isso? Fiquem sentados! A sopeira do céu está sempre cheia e dá para todos.

OS TRABALHADORES —
Vocês vão ou não vão abrir
As suas casas de esfola?
Carniceiros!

*Formam-se grupos.*

UM HOMEM —
Como pagarei a minha casinha tão arranjada e úmida
Em que moramos doze pessoas? Dezessete
Prestações estão pagas, mas faltando a última
Estamos na rua e nunca mais veremos
O chão de terra batida com capim amarelo
Nunca mais a fumaça empestada de cada dia
Virá encher de vida o nosso peito.

OUTRO HOMEM *numa roda* —
Aqui estamos com as nossas mãos que são pás
Com os nossos lombos que são carros de transporte
E queremos vender as mãos e o lombo
E não há comprador.

OS TRABALHADORES —
E nossas ferramentas

Guindastes, prensas
Tudo está fechado atrás dos muros!

JOANA — Vejam só. Eles nem fingem que estão interessados! Comeram bem? Façam boa digestão, e muito obrigada por tudo. Mas agora mesmo vocês não estavam me ouvindo?

UM TRABALHADOR — Foi por causa da sopa.

JOANA — Vamos prosseguir. Cantem!

OS BOINAS PRETAS *cantam* —
Onde é mais negra a batalha
Ergue-se um canto de amor
Irmãos, a glória não falha
É a voz de Jesus, o nosso Redentor!

UMA VOZ *ao fundo* — O Bocarra está empregando gente!
*Os trabalhadores saem, com exceção de algumas mulheres.*

JOANA *sombria* — Vamos guardar os instrumentos. Vocês viram como eles caem fora quando acaba a sopa?

A visão deles não vai além de um prato de comida.
Eles não acreditam em nada
Só se estiver em sua mão
Isto quando acreditam na mão.
Vivendo na ignorância do que será amanhã
Eles não transcendem o terra-a-terra mais rasteiro.
Só a fome lhes fala de igual para igual.
Palavras e cantorias não chegam à profundidade
A que eles desceram.

*Aos circundantes* — Nós, Boinas Pretas, nos sentimos como se de nossas pobres colheres dependesse o alimento da metade faminta do planeta.
*Os trabalhadores voltam. Gritos ao longe.*

OS TRABALHADORES *na frente* — Que gritos são estes? Um povo imenso, vindo dos frigoríficos!

VOZ *ao fundo* —

Bocarra e Cridle também fecharam!
Locaute nas Indústrias Bocarra!

O REFLUXO DOS TRABALHADORES —

Procurando trabalho a meio caminho encontramos
Vinda de outro lado outra multidão desesperada.
Acabaram de perder o trabalho
E nos perguntavam por trabalho.

UM TRABALHADOR *à frente* —

Ai de nós, a massa humana chega de toda parte
O fenômeno é colossal. O próprio Bocarra fechou. E nós?

OS BOINAS PRETAS *a Joana* — Venha conosco. Estamos com frio e molhados, e precisamos comer.

JOANA — Mas eu quero saber quem é o culpado destas desgraças.

OS BOINAS PRETAS —

Pára! Não te metas! Certamente
Vão encher a tua cabeça. Na cabeça deles
Há só baixeza. São vadios!
Só pensam em comer e fugir ao trabalho.
Nasceram incapazes de um pensamento elevado!

JOANA — Mas eu quero saber. *Aos trabalhadores* — Agora me expliquem: por que vocês estão aqui, sem trabalho?

OS TRABALHADORES —

O sanguinário Bocarra está em luta
Com Lennox, o sovina, e por isto passamos fome.

JOANA —

Onde mora o Bocarra?

OS TRABALHADORES —

No lugar em que se negociam as boiadas
Na chamada Bolsa de Carnes.

JOANA —
Vou até lá
Porque eu quero saber.

MARTA, *uma das Boinas Pretas* —
Não te metas! Quem muito pergunta
Ouve muitas respostas.

JOANA —
Eu quero ver o tal Bocarra, que causa tanta miséria.

OS BOINAS PRETAS —
Neste caso o teu destino é negro, Joana.
Não te mistures em disputas terrenas!
Quem se intromete é tragado.
A tua pureza não resistirá. Breve
Em meio à frieza geral estará perdido
O teu pouco calor. A bondade abandona
Quem se afasta do aprisco.
De degrau em degrau
Buscando sempre mais baixo a resposta que não alcanças
Desaparecerás na sujeira!
Porque é com sujeira que se fecham as bocas
Dos que perguntam sem prudência.

JOANA —
Eu quero saber.

*Os Boinas Pretas saem.*

# 3

## PEDRO PAULO BOCARRA TEM A REVELAÇÃO DE UM OUTRO MUNDO

*Diante da Bolsa de Carnes.*

*Joana e Marta esperam embaixo enquanto no alto os magnatas da carne Lennox e Graham conversam. Lennox está branco como giz. Ao fundo a gritaria da Bolsa.*

GRAHAM —

Acertou-te o tremendo Bocarra
Ó bondoso Lennox! Irresistível
É a ascensão daquele monstro a cujo toque
A natureza se transforma em mercadoria e marca um preço
A própria brisa. Ele é capaz de nos revender o que comido está.
Escombros lhe dão aluguéis, de carne podre
Ele tira dinheiro, e se você lhe jogar pedras é certo
Que as transforma em dinheiro também, e tão
Incontrolável é este talento para a pecúnia, tão natural
A monstruosidade que mesmo querendo
Ele não freia o instinto na sua pessoa.
Mas nota que Bocarra é delicado e não ama o dinheiro
Nem suporta a miséria, que não o deixa dormir.
Por isso o melhor é te aproximares dele
Dizendo: Bocarra, olha para mim e desarrocha
A minha garganta, pense na tua velhice.
É certo que ele terá um sobressalto. Talvez chore...

JOANA *a Marta* —

Só tu Marta vieste comigo
Até aqui. Os demais
Afastaram-se com lábios que advertiam
Como se eu andasse em extremos — estranha advertência!
Eu te agradeço, Marta.

MARTA — Também eu te preveni, Joana.

JOANA — E vieste comigo.

MARTA — Você saberá reconhecê-lo, Joana?

JOANA — Tenho confiança que sim!

*Cridle aparece no alto.*

CRIDLE —

Por fim, Lennox, o tempo em que você rebaixava preços
Acabou. Você mordeu o pó. Agora fecho os portões e espero
A recuperação do mercado. Lavo meus matadouros

Engraxo as facas e mando trazer umas tantas máquinas
Novas, que poupam muito salário.
É um novo sistema, da máxima inteligência.
Suspenso em tela de arame o suíno sobe
Ao andar mais alto onde começa a ser abatido.
Com leve ajuda o animal se precipita das alturas
Sobre as facas. Entendeu? O suíno corta-se
Por conta própria e transforma-se em salsicha.
Assim, caindo de etapa em etapa, abandonado
Pela sua pele, que se transforma em couro
Separando-se de seus pêlos que serão escovas
E deixando enfim os seus ossos — futura
Farinha — o suíno impele a si mesmo
Rumo à lata de conserva. Entendeu?

GRAHAM —

Entendi. Porém, qual será o destino das latas? Malditos tempos!
O mercado está impraticável, abarrotado de mercadorias.
O comércio, que florescia, parou.
A vossa briga de foice em mercados repletos
Arruinou os preços, como em sua luta de morte
Os búfalos estragam os pastos que disputam.

*Aparecem Bocarra e seu corretor Slift, juntamente com outros industriais do enlatado. Atrás deles, dois detetives.*

OS INDUSTRIAIS —

Agora é ver quem agüenta mais!

BOCARRA —

Lennox mordeu o pó. *A Lennox* — Reconheça que você está liquidado.
E agora que Lennox deixou de existir, conforme o nosso contrato
Cridle, você ficará com o negócio da carne.

CRIDLE —

De fato, Lennox deixou de existir. Mas
O tempo do mercado favorável também
E por isto, Bocarra, dez milhões por tuas ações é muito!

BOCARRA —
O quê? O preço está
Aqui no contrato! Aqui, Lennox, diga
Se isto não é um contrato e se o preço escrito é outro!

CRIDLE —
Sim, um contrato feito nos bons tempos.
Mas o tempo das vacas magras também está no contrato?
De que serve um matadouro só para mim
Se ninguém compra uma lata de carne sequer?
Entendi por que já não suportas a morte
De um boi, é porque a carne dele já não tem comprador!

BOCARRA —
Calúnias. A gritaria
Da carne torturada me enlouquece o coração.

GRAHAM —
Grande Bocarra, reconheço agora
A superioridade do teu ser, mesmo o teu coração
Enxerga longe.

LENNOX —
Bocarra, será que não podíamos...

GRAHAM —
Toca o coração dele, Lennox, toca o coração
Que é uma víscera sentimental.
*Dá um murro no coração de Bocarra.*

BOCARRA — Ai!

GRAHAM —
Viste, ele tem coração!

BOCARRA —
Bem, Freddy, agora que você me deu pancada
Digo a Cridle que não compre nenhuma lata de você.

GRAHAM —
Isto não vale, Pedrinho, você está misturando
Vida privada e negócios.

CRIDLE —

Você manda, Pedroca.

GRAHAM — Eu tenho dois mil operários, Bocarra!

CRIDLE — Manda os operários à matinê! Mas nosso contrato, Pedrinho, não está valendo. *Fazendo cálculos numa caderneta.* Quando combinamos a tua saída, as ações — de que um terço é meu — estavam a trezentos e noventa. Você fechou negócio comigo a trezentos e vinte, o que era barato. Hoje é caro, pois elas estão a cem, por causa da saturação do mercado. Se eu quiser te pagar, só vendendo as tuas ações na bolsa. Mas neste caso elas caem a setenta, e nem vendendo tudo eu te pago. Eu estaria falido.

BOCARRA —

Não fale assim, Cridle, que você me obriga
A te arrancar o meu dinheiro neste minuto
Enquanto você ainda não faliu!
Olhe, Cridle, você me pregou um susto
Estou suando frio, seis dias é o máximo
De prazo que eu posso dar. Que digo? Cinco dias
Se é esta a tua situação.

LENNOX — Bocarra, olhe para mim.

BOCARRA — Lennox, olhe você: este contrato diz alguma coisa sobre tempos ruins?

LENNOX — Não.
*Lennox sai.*

BOCARRA *seguindo-o com os olhos* —

Quer me parecer que ele está aflito.
E eu, que mergulhado nos negócios (oxalá não fosse assim!)
Nada notei. Animalesca vida de negócios!
Tenho nojo, Cridle.

*Cridle sai. Enquanto isto Joana faz sinal a um detetive e lhe diz alguma coisa.*

O DETETIVE — Mister Bocarra, tem um pessoal aí querendo lhe falar.

BOCARRA — Um populacho esfarrapado, não é? Com cara invejosa, não é? Inclinados à violência, hem? Diga que não estou.

O DETETIVE — É gente da organização dos Boinas Pretas.

BOCARRA — Que organização é essa?

O DETETIVE — Eles são numerosos e bem implantados nas classes baixas, e têm boa reputação. São chamados os soldados de Deus.

BOCARRA — Já ouvi falar. Nome estranho, os soldados de Deus... o que é que eles querem?

O DETETIVE — Eles dizem que querem falar com o senhor.
*Enquanto isto continua a gritaria na Bolsa: bois 43, porcos 55, vacas 59 etc.*

BOCARRA —
Está bem, diga que vou recebê-los
Mas diga também que não quero ouvir nada
Que eu não tenha perguntado, que ficam
Proibidas lágrimas e cantorias, especialmente as tristes
Diga enfim que a minha disposição melhora
Caso eu tenha a impressão de que se trata
De gente cooperativa, contra a qual não consta nada
E que não quer nada de mim que eu não possa dar.
Mais uma coisa: não diga que o Bocarra sou eu.
*O detetive vai para onde está Joana.*

O DETETIVE —
Ele vai falar com vocês, mas
Vocês não perguntam nada, só respondem
Quando ele perguntar.
*Joana dirige-se a Bocarra.*

JOANA — O senhor é o Bocarra.

BOCARRA — Eu não. *Aponta para Slift.* É ele.

JOANA *aponta para Bocarra* — O senhor é o Bocarra.

BOCARRA — Não, é ele.

JOANA — É o senhor.

BOCARRA — Como você me reconheceu?

JOANA — Porque a sua cara é a mais sanguinária.
*Slift ri.*

BOCARRA — Você está rindo, Slift?
*Graham sai enquanto isto.*

BOCARRA *a Joana* — Quanto vocês recebem por dia?

JOANA — Vinte centavos, além de roupa e comida.

BOCARRA —

Umas roupas velhas e uma sopa das mais ralas, hem, Slift?
Sim Senhor, roupa velha e sopa rala. Que coisa.

JOANA —

Bocarra, por que você impede os trabalhadores de trabalhar?

BOCARRA *a Slift* —

Eles trabalham sem ganhar
Não é estranho? Coisa semelhante
Eu nunca havia ouvido. Trabalham
A troco de nada e não se zangam. Seus olhos não refletem
O medo da miséria e do relento.
*A Joana* —
Vocês, Boinas Pretas, são gente estranha.
Não vou perguntar o que vocês esperam de mim.
Eu sei que a massa ignorante me chama
Bocarra o sanguinário e diz que Lennox foi
Vítima de um golpe meu ou que desgracei
A vida de Cridle, que aliás não é pessoa estimável.
São aspectos da vida de negócios que francamente não dizem respeito

A vocês. Mas há um assunto em que a vossa opinião
Me interessa. Tenho a intenção de abandonar este negócio
Sangrento muito em breve, abandoná-lo completamente.
Por quê? Porque outro dia — e este caso vai apaixoná-los — vi morrer
Um vitelo. Me comovi tanto que decidi abandonar tudo
E vender a minha parte da fábrica. Vale doze milhões
Vendi por dez a ele aqui. Não lhes parece acertado
E conforme com o vosso desejo?

SLIFT —
Depois do infeliz vitelo
Chegou a vez do próprio Cridle
De ser abatido.
Está conforme com o vosso desejo?

*Risadas dos industriais.*

BOCARRA —
Riam. Sua risada não me abala. Verei
Adiante como choram.

JOANA —
Mister Bocarra, por que o senhor fechou as portas do matadouro?
Eu quero saber a razão..

BOCARRA —
Não é extraordinário que eu tenha largado mão
De um grande negócio, só porque é sangrento?
Diga que foi bem feito e que você gostou.
Não, não diga, estou sabendo e reconheço que para
Alguns foi um desastre, ficaram sem trabalho
Eu sei. Infelizmente foi inevitável.
Mas é gente ruim e vulgar
Aliás o melhor é ignorá-los, mas me diga:
Não fiz bem
Ao largar mão deste negócio?

JOANA —
Eu não sei se você está perguntando a sério.

BOCARRA —

Deve ser porque a minha maldita voz foi treinada
Para disfarçar, e você, por isto, sei
Que não gosta de mim. Não diga nada.
*Aos outros —*
Sinto como se a brisa me trouxesse notícia de um mundo diferente.
Me dêem dinheiro, seus carniceiros, me dêem aqui um dinheiro!
*Ele toma todo o dinheiro a todos e o entrega a Joana.*
Toma, menina, é para os pobres!
Mas saiba que não sinto obrigação alguma
E durmo passavelmente bem. Por que esta minha ajuda? Só
Talvez porque gostei de seu rosto que é tão ingênuo
Embora você já tenha vivido vinte anos.

MARTA *a Joana —*

Eu não acredito nas intenções dele.
Perdoa, Joana, mas agora eu também vou embora
Porque eu acho mesmo
Que também você devia deixar isso tudo.

*Marta sai.*

JOANA — Mister Bocarra, isto é uma gota d'água no deserto. O senhor não pode ajudar de verdade?

BOCARRA —

Vocês digam em toda parte que aprovo a vossa atividade
E quisera que existissem mais como vocês. Entretanto
Esta questão dos pobres está mal colocada.
É gente ruim. O ser humano não me comove
Eles não são inocentes, são carniceiros eles também. Vamos
Mudar de assunto.

JOANA — Mister Bocarra, o que se diz nos matadouros é que a culpa da miséria é do senhor.

BOCARRA —

Eu tenho compaixão pelos bois, o ser humano é ruim.
Os homens não estão maduros para o seu plano.
Antes de transformar o mundo

É preciso transformar o homem.
Espere um instante!

*Ele fala baixo com Slift* —
Dê mais algum dinheiro a ela, quando ela estiver sozinha!
Diga que é para os pobres, senão ela tem vergonha
E não aceita. Mas depois veja o que ela compra.
Se isto não bastar, e eu quisera que não baste
Você a leva
Ao matadouro e lhe mostra
Os pobres, como são ruins e animalescos, cheios de traição e covardia
E mostra que a culpa é deles mesmos.
Talvez isto ajude.

*A Joana* —
Este é Sullivan Slift, o meu corretor, que vai lhe mostrar uma coisa.

*A Slift* —
E fique sabendo que para mim é quase intolerável que exista gente
Como esta menina, sem nada de seu além de uma boina preta
E vinte centavos, e sem medo.

*Bocarra se afasta.*

SLIFT *a Joana* —
Eu não quisera saber as coisas que você quer saber
Mas se você quiser sabê-las passe aqui amanhã.

JOANA *acompanhando Bocarra com os olhos* —
Este não é um homem mau, este é o primeiro
A quem os nossos tambores tiraram o sono
E que escuta o nosso chamado.

SLIFT *saindo* — Não te metas, ouve este conselho, com as criaturas do matadouro, é uma gente infame, na verdade a escória do mundo.

JOANA —
Eu quero ver.

# 4

## O CORRETOR SULLIVAN SLIFT MOSTRA A JOANA DARK A MALDADE DOS POBRES: SEGUNDA DESCIDA DE JOANA ÀS PROFUNDEZAS

*Na região dos matadouros.*

SLIFT —

Agora, Joana, vou te mostrar
Quanto são maus
Os que despertam a tua compaixão
A qual é descabida.

*Caminham ao longo do muro de uma fábrica, em que está escrito "Bocarra & Cridle, Indústrias de Carne". O nome Bocarra está riscado em cruz. Dois homens saem por uma portinhola. Slift e Joana ouvem a sua conversa.*

CONTRAMESTRE *a um moço* — Quatro dias atrás um homem chamado Luckerniddle caiu na caldeira; como não conseguimos parar as máquinas a tempo, a barbaridade aconteceu e ele rolou para dentro da máquina de preparar toicinho; estão aqui o paletó e o chapéu dele, que ocupam um cabide no vestiário e causam má impressão. Suma com eles. Talvez fosse bom queimá-los, o melhor é queimar já. Eu te digo estas coisas porque sei que você é de confiança: se acharem esta roupa eu perco o meu emprego. Assim que a fábrica reabrir você naturalmente fica com o lugar de Luckerniddle.

O RAPAZ — Pode ficar sossegado, Seu Smith. *O contramestre desaparece pela portinhola.*

O RAPAZ — Dá pena este homem, que agora é um toicinho perdido no mundo, mas dá pena também o paletó dele, que ainda está bom. O nossa-amizade agora está enlatado e não veste mais casaco. Mas eu aqui ainda visto. Fico com ele e caguei. *Veste o casaco e embrulha o dele próprio num jornal.*

JOANA *vacila* — Estou me sentindo mal.

SLIFT — Este é o mundo como ele é. *Ele aborda o rapaz.* De onde saíram este paletó e este boné? Pertencem a Luckerniddle, o homem que sofreu um acidente.

O RAPAZ — Por favor, chefe, não conte a ninguém. Eu devolvo tudo imediatamente. Estou muito decaído. Há um ano, interessado em ganhar o extra de vinte centavos que eles pagam na sessão de fertilizantes sintéticos, fui trabalhar na trituração de ossos. Fiquei mal do pulmão e das pálpebras. A minha força de trabalho não é mais a mesma: desde fevereiro estive empregado só duas vezes.

SLIFT — Não tire esta roupa. Na hora do almoço venha à cantina sete. Você ganha um dólar e um prato de comida se explicar à Dona Luckerniddle a origem do paletó e do boné.

O RAPAZ — Patrão, isto não é uma brutalidade?

SLIFT — É, se você não estiver precisando!

O RAPAZ — Pode ficar sossegado, patrão.
*Joana e Slift seguem adiante.*

DONA LUCKERNIDDLE *clama, sentada diante da fábrica* —
Vocês aí dentro, o que fizeram ao meu marido?
Há quatro dias, saindo para o trabalho, ele dizia:
Hoje de noite quero uma sopa quente! E até hoje
Ele não voltou! O que vocês fizeram ao meu marido,
Carniceiros! Há quatro dias estou aqui
No frio, nem de noite eu saio, esperando, mas não me dizem
Nada, e meu marido não volta! Mas fiquem sabendo
Que não saio enquanto ele não voltar, e se tiverem
Tocado nele, ai de vocês.
*Slift aproxima-se dela.*

SLIFT — O seu marido viajou, Dona.

DONA LUCKERNIDDLE — Que história de viagem é essa!

SLIFT — Vou lhe dizer uma coisa, Dona, ele viajou, e é muito desagradável para a fábrica a senhora ficar aí dizendo bobagens. Nós vamos fazer uma proposta à senhora, uma proposta a que por lei nós não somos obrigados. A senhora pára de procurar o seu marido, e almoça de graça em nossa cantina durante três semanas.

Dona Luckerniddle — Eu quero saber o que houve com meu marido!

Slift — Nós estamos dizendo à senhora que ele viajou para São Francisco.

Dona Luckerniddle — Ele não viajou para São Francisco, houve alguma coisa com ele, que vocês estão querendo esconder.

Slift — Se é esta a sua idéia, Dona, a senhora não pode aceitar a nossa comida e precisa processar a fábrica. Pense bem. Amanhã eu estou na cantina à sua disposição.
*Slift volta para onde está Joana.*

Dona Luckerniddle — Eu preciso recuperar o meu marido. Eu não tenho mais ninguém que possa me sustentar.

Joana —

Ela não vem.
Vinte almoços não são pouco
Para um faminto, mas
Não são tudo.

*Joana e Slift passam adiante. Chegam a uma cantina e vêem dois homens que espiam por uma janela.*

Gloomb — Aquele ali comendo é o contramestre, que acelerou demais o trabalho e me fez perder os dedos na fresa. Nós vamos providenciar para que o cachorro nunca mais encha o bucho às nossas custas. Apronta o teu cacete, para o caso de o meu quebrar.

Slift *a Joana* — Fique aqui. Eu vou falar com ele. Se ele vier para cá, você diz que está procurando emprego. Você vai ver como eles são. *Ele se aproxima de Gloomb.* Tenho a impressão de que o senhor vai cometer alguma coisa impensada. Antes disso eu lhe faço uma proposta vantajosa.

GLOOMB — Agora eu não tenho tempo, chefe.

SLIFT — É pena, porque o senhor ia sair ganhando.

GLOOMB — Fale depressa. Nós não podemos perder de vista aquele cachorro. Hoje sai o pagamento do sistema desumano de que ele é o contramestre.

SLIFT — Tenho uma proposta que pode ajudá-lo. Sou inspetor desta fábrica. É muito desagradável que o posto junto à sua máquina tenha ficado vazio. A maioria é de opinião que o lugar é perigoso demais, justamente porque o senhor fez tanto estardalhaço por conta de seus dedos. Naturalmente seria bom se tivéssemos alguém para o cargo. Se acaso o senhor nos trouxesse uma pessoa, arranjaríamos um emprego também para o senhor, um emprego até mais leve e melhor remunerado. Talvez o emprego do próprio contramestre. O senhor me dá a impressão de ser esperto. E aquele ali, não sei por que, está muito desprestigiado. Me entenda bem. É claro que o senhor também teria que acelerar a produção, mas sobretudo, como lhe expliquei, teria que encontrar alguém para trabalhar na fresa, que de fato, como eu mesmo reconheço, é uma máquina pouco segura. Ali adiante, por exemplo, está uma menina procurando emprego.

GLOOMB — O que o senhor disse é sério?

SLIFT — É.

GLOOMB — Aquela ali? Ela dá a impressão de ser frágil. A fresa não é lugar para pessoal que canse facilmente. *Ao outro*: — Pensando bem, vamos deixar para amanhã de noite? À noite é melhor para este gênero de brincadeira. Até amanhã. *Dirige-se a Joana.* A senhora está procurando trabalho?

JOANA — Estou.

GLOOMB — A senhora enxerga bem?

JOANA — Não... Eu trabalhava na sessão de fertilizante sintético, na trituração de ossos. Fiquei atacada do pulmão e peguei uma inflamação nas pálpebras. Estou desempregada desde fevereiro. O serviço é bom?

Gloomb — O serviço é bom. É um trabalho que mesmo gente frágil como a senhora pode fazer.

Joana — Será que não há mesmo outro lugar? Ouvi dizer que o serviço dessa máquina é perigoso para pessoas que cansam facilmente. Se a mão cochila, a lâmina pega os dedos.

Gloomb — Tudo mentira. A senhora não imagina como o trabalho é agradável. A senhora vai levar as mãos à cabeça e perguntar como pode as pessoas contarem histórias tão bobas a respeito desta fresa.

*Slift ri e leva Joana embora.*

Joana — Agora estou quase com medo de continuar, com medo do que ainda não vi!

*Entram na cantina e vêem Dona Luckerniddle falando com o servente.*

Dona Luckerniddle *calculando* — Vinte almoços... daí eu podia... daí eu voltava e tinha...

*Ela senta-se à mesa.*

O Servente — Se a senhora não for comer não pode ficar aqui.

Dona Luckerniddle — Estou esperando alguém que deve vir hoje ou amanhã. Qual é o prato de hoje?

O Servente — Ervilhas.

Joana —

Lá está ela.
Pensei que ela não cedesse, mas ainda assim
Eu temia que amanhã ela viesse,
E o fato é que ela se apressou mais do que nós
E já está aqui à nossa espera.

Slift — Vá você mesma levar a comida a ela, talvez ela pense melhor.

*Joana busca a comida e a leva a D. Luckerniddle.*

JOANA — A senhora já está aqui?

DONA LUCKERNIDDLE — É porque faz dois dias que não como.

JOANA — Mas a senhora estava sabendo que nós vínhamos hoje?

DONA LUCKERNIDDLE — Não sabia.

JOANA — Agora há pouco ouvi dizer que houve alguma coisa com o seu marido, e que a culpa é da fábrica.

DONA LUCKERNIDDLE — Vocês voltaram atrás? Não vão mais me dar os vinte almoços, é isso?

JOANA — Mas eu ouvi dizer que a senhora se entendia bem com o seu marido! Me disseram que a senhora não tem ninguém além dele.

DONA LUCKERNIDDLE — É, já faz dois dias que não como nada.

JOANA — A senhora não quer esperar até amanhã? Se a senhora desistir, ninguém vai procurar o seu marido.
*Dona Luckerniddle se cala.*

JOANA — Não coma.
*Dona Luckerniddle arranca-lhe o prato e come com avidez.*

DONA LUCKERNIDDLE — Ele viajou para São Francisco.

JOANA —
Os depósitos estão atulhados de carne
Que não se vende e vai apodrecer
Porque ninguém a quer.
*Entra o rapaz com o paletó e o boné.*

O TRABALHADOR — Bom-dia, é aqui que eu vou almoçar?

SLIFT — Vá sentar-se perto daquela mulher.
*O trabalhador se senta.*

SLIFT *por trás dele* — Que bonito este boné. *O trabalhador o oculta.* Você ganhou de presente?

TRABALHADOR — É comprado.

SLIFT — Comprado? Onde?

TRABALHADOR — Não comprei numa loja.

SLIFT — Então onde foi?

TRABALHADOR — Era de um homem que caiu na caldeira.
*Dona Luckerniddle sente-se mal. Ela levanta e sai.*

DONA LUCKERNIDDLE *diz ao servente enquanto sai* — Deixe aí o prato. Eu volto. Agora eu venho almoçar todos os dias. Pergunte àquele senhor ali. *Sai.*

SLIFT — Ela virá aqui durante três semanas para comer, sem levantar os olhos do prato, como um animal. Você viu, Joana, que a maldade dela é infinita?

JOANA —

E como você domina
A maldade dela! Como vocês exploram a maldade dela!
Você não vê que a maldade dela passa frio?
É provável que tanto quanto outras ela quisesse
Ser fiel ao marido e continuar algum tempo mais
Como convém, buscando o homem que fora
O seu sustento. Mas o preço de vinte almoços é alto.
E você acha que se dependesse dele
O mocinho capaz de qualquer negócio
Teria mostrado o paletó à mulher do morto?
O custo é que era demais. Mesmo
O maneta, por que não me havia de prevenir
Se não fosse tão alto o preço de um pouco de solidariedade?
Se ele vendeu o ódio que sentia e era justo
É porque vocês pagam e ele precisava.
Se a maldade deles é infinita, infinita também
É a sua pobreza. Não foi a maldade dos pobres
O que você me mostrou, foi
A p o b r e z a d o s p o b r e s .
Vocês me mostraram a maldade da gente pobre
E eu lhes mostro o sofrimento da pobre gente má.

Maldade, rumor infundado!
És refutada pelo sofrimento no rosto.

# 5

## JOANA LEVA OS POBRES À BOLSA DE CARNES

*A Bolsa de Carnes.*

Os Industriais da carne —
Nós vendemos carne enlatada!
Atacadistas, comprem carne enlatada!
Carne enlatada fresca e macia!
Toicinhos Bocarra & Cridle!
Presuntos cozidos marca Graham!
Banha de porco barata!

Os Atacadistas —
Ao som do mar e à luz do céu profundo
Os atacadistas marcham para a falência!

Os Industriais —
Com ajuda de extraordinários progressos técnicos
De engenheiros incansáveis e empresários de visão
Conseguimos reduzir de um terço o preço
Do toicinho de Bocarra & Cridle!
Do presunto cozido marca Graham!
Da banha de porco barata!
Atacadistas, comprem carne enlatada!
Não percam a ocasião!

Os Atacadistas —
A tristeza de Deus paira sobre as águas
As cozinhas dos restaurantes escondem o rosto
Os supermercados afastam-se com enjôo
O comércio de atravessadores sua frio!
Nós, atacadistas, vomitamos à simples menção
De uma lata de carne. O estômago deste país
Passou da conta em matéria de carne e de latas
E agora está virado.

Slift —

O que escrevem os teus amigos de Nova York?

Bocarra —

Teorias. Se dependesse deles
O ramo da carne ia inteiro para o brejo
Durante semanas a fio até a sufocação geral
E depois a carne ficava toda comigo.
Bobagens!

Slift —

Eu morreria de rir se de fato os amigos de Nova York agora
Furassem o protecionismo sulista causando
Um fenômeno de alta
De que nós ficássemos de fora.

Bocarra —

E suponhamos que fosse assim! Você teria o peito
De arrancar um filé a tanta miséria
Agora que estão todos atentos como águias
Aos nossos mínimos movimentos? Este peito eu não teria.

Os Atacadistas —

Aqui estamos os atacadistas com montanhas de latas
E depósitos cheios de boi congelado
E queremos vender os bois enlatados
E ninguém quer comprar!
E nossos fregueses, os restaurantes e açougues
Estão com carne congelada pelas tampas
Implorando compradores e bons garfos!
Nós não compramos mais nada!

Os Industriais —

Aqui estamos os industriais do enlatado com matadouros e galpões
E estábulos cheios de bois, as máquinas, as prensas e as caldeiras
Gastando vapor, e os rebanhos comendo e mugindo enquanto
Não viram carne enlatada. E ninguém quer carne enlatada.
Nós estamos perdidos!

OS CRIADORES —

E nós, criadores?
Quem compra a nossa criação? Os bois e os porcos
Estão nos currais comendo o milho que é caro
E nos vagões de transporte que são caros eles comem
Também e nos galpões das estações que comem aluguéis
Lá estão eles comendo sempre.

BOCARRA —

E agora são rejeitados pelas próprias facas.
A morte volta as costas à criação
E fecha a oficina.

OS INDUSTRIAIS *gritando com Bocarra, que lê um jornal* —

Traiçoeiro Bocarra, não suje o prato onde você come!
Pensa que não sabemos quem muito em segredo lança
Mais carne ao mercado e empurra as cotações para o abismo?
Há dias você está liquidando carne!

BOCARRA —

Carniceiros desaforados, chorem no colo de sua mãe
Porque enfim cessou o choro da carne martirizada!
Voltem para casa e digam que um ao menos
Dentre vocês, siderado pelo clamor dos bois,
Preferiu ouvir a vossa grita a ouvir o grito deles!
Eu quero o meu dinheiro e paz para a minha consciência!

UM CORRETOR *aos berros na porta da Bolsa* —

Queda vertiginosa na Bolsa de Valores!
Ações postas à venda em pacotes enormes. Cridle
Sucessor de Bocarra & Cia arrasta para o fundo
As cotações do ramo da carne.

*O tumulto se instala entre os industriais da carne. Avançam para Cridle, o qual está branco como giz.*

OS INDUSTRIAIS —

Agora, Cridle, você vai se explicar, olho no olho!
Você está liquidando ações a preço irrisório?

OS CORRETORES —

A cento e quinze por ação!

OS INDUSTRIAIS —

Você tem merda na cabeça?
Você quer se matar, mas está assassinando os outros!
Seu cagão! Criminoso!

CRIDLE *apontando Bocarra* —

Essa conversa é com ele.

GRAHAM *colocando-se à frente de Cridle* —

Quem pesca em águas turvas no caso não é Cridle
É um outro, e os peixes seremos nós!
Tem gente querendo açambarcar o ramo da carne
Inteiro, a jogada é grande. Responda, Bocarra!

OS INDUSTRIAIS *a Bocarra* —

Correm boatos, Bocarra, de que estás cobrando
A dívida de Cridle que já vacila e Cridle
Ele próprio se cala e aponta o dedo para você.

BOCARRA — Se eu deixasse o meu dinheiro um minuto mais que fosse nas mãos deste Cridle, que me confessou ele próprio estar quebrado, quem dentre vocês me levaria a sério como homem de negócios? E o que eu mais desejo é que v o c ê s me levem a sério.

CRIDLE *aos circunstantes* — Há quatro semanas contadas fechei um contrato com Bocarra. Ele cedeu a parte dele no negócio, um terço do total, por dez milhões de dólares. Hoje fico sabendo que naquela mesma tarde ele em segredo passava a vender gado a preço vil, estragando mais ainda o mercado que já estava frouxo. Em nosso contrato Bocarra se reservava o direito de exigir o dinheiro quando quisesse. A minha idéia era pagá-lo vendendo uma parte das próprias ações dele, que estavam a bom preço, e usar as outras para levantar um empréstimo. Mas aí a bolsa baixou. Hoje a parte de Bocarra não vale dez milhões, vale três, e o negócio inteiro em vez de trinta milhões vale dez. Estes dez milhões são o valor exato da dívida que Bocarra quer que eu pague da noite para o dia.

OS INDUSTRIAIS —

Você manobra contra o Cridle de quem não

Somos aliados e no entanto a sua manobra nos atinge
Em cheio como você sabe muito bem. Você
Estragou o comércio inteiro, o qual por sua vez é o grande
Culpado pelo preço ridículo de nossas latas
De carne barata como areia em conseqüência
Da guerra de preços em que você estrangulou Lennox.

BOCARRA —
Ninguém mandou matarem tanto, ó
Carniceiros frenéticos! Agora quero o meu dinheiro
Nem que vocês tenham que mendigar. Quero
O meu dinheiro! Tenho outros planos.

OS CRIADORES —
Lennox está por terra. Cridle vacila. E Bocarra
Vai embora com o dinheiro dele!

OS PEQUENOS ESPECULADORES —
Ai de nós, os pequenos especuladores nunca
Lembrados. Grande espetáculo é a queda
De um colosso, mas a platéia empolgada não vê
Onde ele cai nem quem ele esmaga ao cair.
Bocarra, o nosso dinheiro!

OS INDUSTRIAIS — Oitenta mil latas a cinqüenta, e tem de ser já!

OS COMPRADORES — Nem uma só!

*Silêncio. Ouvem-se os tambores dos Boinas Pretas e a voz de Joana.*

A VOZ DE JOANA — Pedro Paulo Bocarra! Onde está o Bocarra?

BOCARRA —
Que tambores são estes? Quem
Pronuncia o meu nome?
Logo aqui, onde
As caras não têm disfarce e estão lambuzadas de sangue!

*Entram os Boinas Pretas. Cantam o seu hino de guerra.*

OS BOINAS PRETAS *cantam* —

Atenção, atenção, atenção!
Eis ali um homem falido!
Vede esta moça reduzida a trapo!
E o pranto deles não foi ouvido.
Calem-se as buzinas, cesse o ronco dos motores!
Pelo amor de Deus, alguém atenda os sofredores!
Mas será possível que vocês não enxerguem nada?
É um vosso igual, não é lixo na calçada!
Despregai os olhos do prato de sopa
E com Jesus recordemos
O pobre sem roupa.
Dizem vocês que nada disso resolve
Mas nós respondemos que a injustiça perde o pé
Se marcharmos unidos
Cheios de fé.
Canhões e tanques já saíram à rua
Aviões em quantidade
E cruzadores estão de prontidão
Para dar ao faminto um pedaço de pão.
Pois o seu número, pobres da terra
De tão horripilante
Fará do governo o nosso ajudante.
Em frente pois, ao assalto, o coração sem rancores!
Pelo amor de Deus, alguém atenda os sofredores!

*Enquanto isto prossegue a batalha na Bolsa. Apesar dela, as gargalhadas vão ganhando terreno, acompanhando as ofertas.*

OS INDUSTRIAIS — Oitenta mil latas pela metade do preço, mas com pagamento à vista!

OS ATRAVESSADORES — Nem uma só!

OS INDUSTRIAIS — Neste caso, estamos liquidados.

JOANA — Onde está o Bocarra?

BOCARRA —

Não se mexa, Slift! Graham, Meyers

Fiquem na minha frente.
Não quero ser visto aqui.

OS CRIADORES —
Nesta Chicago inteira não se vende um boi.
Este é o dia da morte do estado de Illinois.
Pagando preços dia a dia mais altos vocês nos levaram à criação
De mais e mais bois
Que agora ninguém quer comprar.
Você, Bocarra, cachorro, é o culpado do desastre.

BOCARRA —
Chega de negócios por agora. Graham, o meu chapéu. Preciso sair.
Cem dólares pelo meu chapéu.

CRIDLE — Maldito seja. *Cridle sai.*

JOANA *atrás de Bocarra* — Não vá embora, Mister Bocarra, e ouça o que tenho a lhe dizer. São coisas que todos podem ouvir. Silêncio. Não fujam, sei que os senhores não gostam que nós, os Boinas Pretas, apareçamos aqui no quartel de seus negócios e segredos. E estou informada também das trapaças por trás do preço da carne. Mas se vocês pensam que nada disto se saberá, enganam-se muito, agora e no dia do Juízo Final, quando tudo virá a público, e quero ver a sua cara quando o Senhor Nosso Pai descansar os olhos grandes em vocês e perguntar: "Onde estão os meus bois? O que fizeram com eles? Vocês ofereceram carne ao povo a preço acessível? Onde foi parar a carne que desapareceu?". Contrafeitos, vocês inventarão respostas como aquelas que publicam nos seus jornais, onde aliás nem tudo que está escrito é verdade, enquanto os bois estarão mugindo nos mil lugares onde vocês os esconderam para lhes elevar o preço ao infinito, e o mugido deles testemunhará contra vocês na presença do Todo-Poderoso.

*Gargalhadas.*

OS CRIADORES —
Nós, os criadores, não vemos motivo para riso.

Tributários que somos do bom e do mau tempo no verão e no inverno.
Acreditamos em Deus à maneira antiga.

JOANA — E agora um exemplo. Se alguém constrói uma barragem contra a irracionalidade das águas e mil pessoas ajudam com o trabalho das suas mãos e aquele alguém recebe um milhão em pagamento e a barragem cede tão logo as águas chegam, afogando todos que trabalharam e muitos mais — o que é o homem que constrói esse tipo de barragem? Vocês dirão que é um homem de negócios, ou, conforme for, um sem-vergonha, mas nós dizemos a vocês que ele é um tonto. E vocês todos, que encarecem o pão e transformam num inferno a vida dos homens, até que estes se transformem em diabos, vocês são uns tontos, pobres e tristes tontos, e nada mais!

OS COMPRADORES *aos gritos* —
Com a vossa desconsiderada
Corrida de preços e imunda sofreguidão de lucro
Vocês cometem suicídio.
Tontos!

OS INDUSTRIAIS —
Mais tontos são vocês!
Não há quem possa com as crises!
Inexoráveis pairam
Sobre nós as leis da economia, estas desconhecidas.
Em tremendos ciclos recorrem
As catástrofes da natureza!

OS CRIADORES —
Alguém nos estrangula, não digam que o responsável não é ninguém.
É maldade, uma refinada maldade!

JOANA — E por que tanta maldade no mundo? Nestas condições não podia mesmo ser diferente. Se o cristão é obrigado a arrancar ao vizinho o pão de que necessita, para não falar na manteiga, e se até para o indispensável o irmão tem de lutar contra o irmão, é natural que os sentimentos nobres desapareçam do peito huma-

no. Mas vamos supor que amar ao próximo não fosse nada mais que servir o freguês. Logo o Novo Testamento fica fácil de entender e é clara a atualidade dele, mesmo em nossos dias. Servir o freguês! O que é servir, senão amar o próximo? É preciso entender bem esta expressão! Meus senhores, é voz corrente que os pobres têm pouca moral, e é verdade. Nos barracos lá embaixo quem reina é a imoralidade em pessoa, e com ela a revolução.
Mas eu lhes pergunto: como podem os pobres ter moral, se eles não têm nada? É isto mesmo, como não será roubo qualquer coisa que eles peguem? Meus senhores, a força moral precisa de força aquisitiva, e basta aumentar a força aquisitiva para aparecer a força moral. Vejam que por força aquisitiva eu entendo uma coisa muito simples e sem mistério, estou pensando em dinheiro, em salário, o que nos traz de volta às questões práticas: se vocês continuarem assim, essa carne vai ficar toda para vocês, porque o pessoal lá fora está sem força aquisitiva.

OS CRIADORES *descontentes* —
Aqui estamos com os nossos bois
Que ninguém está comprando.

JOANA — Vocês ficam aí de camarote, os grandes figurões, certos de que as suas trapaças não serão descobertas e não querendo saber da miséria lá fora. Mas olhem aqui para eles, que vocês maltrataram e deixaram no estado que está se vendo, eles em quem vocês não querem reconhecer os seus irmãos, venham para a frente, os vergados e atribulados, venham para a luz do dia. Não sintam vergonha.
*Joana mostra aos freqüentadores da Bolsa os pobres que estão com ela.*

BOCARRA *grita* — Tirem isso daqui. *Ele desmaia.*

VOZ *ao fundo* — Pedro Paulo Bocarra desmaiou.

OS POBRES — Este cara é o culpado de tudo!
*Os industriais da carne desvelam-se por Bocarra.*

OS INDUSTRIAIS — Tragam água para Pedro Paulo Bocarra! Um médico para Bocarra!

JOANA —

Você, Bocarra, me mostrou a maldade
Dos pobres, e eu agora lhe mostro
A pobreza dos pobres. Distantes de vocês
E distantes, por isso mesmo, dos bens materiais indispensáveis
Vivem, lá onde não vai a vista, aqueles
Que forçados por vocês à pobreza e à fraqueza carecem
De comida e roupa a tal ponto
Que distam, tanto quanto de vocês, de tudo quanto
Transcende o comestível e os costumes mais animais.

*Bocarra volta a si.*

BOCARRA — Eles ainda estão aqui? Por favor, afastem essa gente.

OS INDUSTRIAIS — Os Boinas Pretas? Você quer que eles saiam?

BOCARRA — Não, os que estão atrás deles.

SLIFT — Ele não abre os olhos enquanto eles não saírem.

GRAHAM —

Então você não gosta de vê-los? Mas foi você
Quem os deixou nesse estado.
Você fecha os olhos mas
Nem por isso eles desaparecem.

BOCARRA —

Por favor, afastem essa gente daqui. Eu compro!
Ouçam todos: Pedro Paulo Bocarra está comprando!
Para que eles tenham trabalho e se afastem daqui.
Eu compro: oito semanas de produção de carne enlatada.

OS INDUSTRIAIS —

Ele comprou! O Bocarra comprou!

BOCARRA —

Ao preço do dia!

GRAHAM *interpelando-o* —

E o que estiver estocado?

BOCARRA *deitado no chão* —
Eu compro.

GRAHAM —
A cinqüenta?

BOCARRA —
A cinqüenta!

GRAHAM —
Ele comprou! Ouçam todos, ele comprou!

CORRETORES *usando megafones* — Pedro Paulo Bocarra sustenta o mercado da carne. Conforme reza o contrato ele absorve o estoque inteiro do cartel da carne ao preço do dia que é de cinqüenta e absorve também dois meses de produção a partir do dia de hoje, igualmente a cinqüenta. Em quinze de novembro o cartel da carne entrega a Pedro Paulo Bocarra no mínimo quarenta mil toneladas de carne em conserva.

BOCARRA —
E agora, amigos, por gentileza me tirem daqui.
*Bocarra sai carregado.*

JOANA —
Parabéns, o cavalheiro vai descansar!
Nós aqui suando como burro de carga em nosso trabalho missionário
E vocês aí em cima metem os pés pelas mãos!
Ouço dizer que Mr. Bocarra deseja que eu não fale? Ora
Vejam, quem é o senhor
Para fechar a boca ao bom Deus? Ao boi
Que trabalha
Ninguém tem o direito de amarrar o focinho!
E eu não me calo.
*Aos pobres* —
Segunda-feira vocês voltam ao trabalho.

OS POBRES — Nunca antes vimos gente assim. Mas os dois que estavam com ele nós quase não estranhamos. Têm cara muito pior que a do próprio Bocarra.

JOANA — Para despedida cantaremos "O pão faltar não vai".

OS BOINAS PRETAS *cantando* —
O pão faltar não vai
A quem no Céu se fia
E em Jesus, o nosso pai,
A nossa firme alegria.
Não há frio não há fome
Se cantarmos o seu nome
É Jesus o nosso rei.

OS COMPRADORES —
O homem está ruim da cabeça. O estômago deste país
Tomou uma indigestão de carne em lata e agora está virado.
E o homem manda enlatar mais carne
Que ninguém vai comprar. Este já era.

OS CRIADORES —
Muito bem, o preço agora é outro, miseráveis carniceiros!
O nosso boi vai custar o dobro
Porque vocês precisam dele. Nem um tostão a menos.

OS INDUSTRIAIS DA CARNE —
Fiquem com tudo e engulam! Nós não queremos nada.
Pois o contrato firmado aqui diante de todos
É papel e só. O homem que o firmou
Não estava em seu juízo. Ele não levanta
Um tostão de São Francisco a Nova York
Para este negócio de tatu.

*Os industriais saem.*

JOANA — Mas aqueles que buscam seriamente a palavra de Deus e o pensamento dele, e não só as cotações da bolsa, e suponho que também aqui exista gente honrada, que faz negócios na fé do Senhor, coisa contra a qual absolutamente não somos, enfim, estes venham domingo ao nosso serviço religioso. Rua Lincoln, a partir das duas, a música começa às três, e a entrada é livre.

SLIFT *aos criadores* — O que Bocarra promete ele cumpre.
Irmãos, que momento! O mercado volta à vida

O pior já passou, a crise está vencida.
Benditos os empregadores, benditos os empregados
Que à fábrica tornam felizes e congraçados.
A voz da razão ouvida com maturidade
Trouxe o bom senso à nossa sociedade.
Abram-se os portões, funcione o parque industrial
É no trabalho que se entendem proletariado e capital.

OS CRIADORES *ao encontro de Joana, na escada* —
Tua nobre fala e presença causou entre nós, criadores,
Muita impressão e vários aqui
Estão profundamente abalados. Também nós
Sofremos horrivelmente.

JOANA —
Saibam que estou de olho
No Bocarra, ele despertou, e vocês
Quando a necessidade apertar
Venham comigo, buscar a ajuda dele.
Ele agora não vai mais descansar
Até que estejam todos melhor.
Isto porque é nas mãos dele que está o remédio e por isto
Olho nele.

*Joana e os Boinas Pretas saem, seguidos pelos Criadores.*

## 6

## DESENTOCANDO BICHINHOS

*No centro financeiro da cidade, a casa do corretor Sullivan Slift, que é pequena e tem duas entradas.*

BOCARRA *no interior da casa, com Slift* — Tranque as portas. Slift, ponha aqui uma luz, e examine bem o meu rosto. É verdade que está tudo na cara?

SLIFT — Tudo o quê?

BOCARRA — Bem, a minha profissão.

SLIFT — O comércio de carne? Bocarra, você levou a sério as falas daquela mulher?

BOCARRA —

Qual é a fala dela? Eu nem ouvi
Porque atrás andava uma gente horrorosa de cara
Miserável, daquela miséria que prenuncia um tipo de fúria
Que vai nos varrer a todos, fiquei impressionado
Demais. Slift, agora
Vou dizer o que realmente eu penso
De nossos negócios:
Assim como está na pura base de comprar e vender
E os homens depenando uns aos outros friamente
Eu acho que não vai dar. Eles são numerosos demais
Os aflitos clamando, e o número deles cresce.
O que os nossos matadouros já viram passar não tem mais perdão.
Quando eles nos pegarem vão nos deixar na calçada
Como jornal rasgado. Nós todos aqui
Já não vamos morrer na cama. Antes disso
Vão nos acuar contra o muro como se fôssemos uma matilha de lobos
E limparão o mundo de nossa presença
E de nossos seguidores.

SLIFT — Eles confundiram a tua cabeça! *À parte* — Vou convencê-lo a comer um filé malpassado. Esta moleza é uma doença antiga dele, que às vezes volta. Talvez um gosto de sangue lhe devolva o juízo. *Slift põe um filé na frigideira.*

BOCARRA —

Às vezes eu me pergunto
Por que me comovem estas falas irreais e bisonhas
A mesma e eterna demagogia muito cacete e mal ensaiada.
É talvez porque são trabalho gratuito, dezoito horas diárias
Na chuva e com fome.

SLIFT —

Em cidades como esta que embaixo estão em fogo
E são gélidas nas alturas não faltam

Nunca uns poucos para falar de uma coisa e outra
Que podia estar melhor.

BOCARRA —

Mas o que é, o que é esta fala? Quando nestas cidades
Sempre incendiadas e no bramido da corrente humana
Eternamente descendo aos infernos o meu ouvido distingue
Uma das tais vozes, uma voz talvez ingênua, mas isenta de bestialidade
Slift, para mim é como se uma barra de ferro me fulminasse os rins
Em plena corrida. E mesmo isto que acabo de dizer
Slift, como tudo o mais, são evasivas, pois
O que me apavora não é Deus, é outra coisa.

SLIFT —

Outra coisa?

BOCARRA —

Não é o que fica acima
É o que fica abaixo de mim. É o que está desfalecendo
Nos matadouros e talvez não resista a mais um turno da noite
E no entanto se avolumará pela manhã, eu tenho certeza.

SLIFT — Não queres mais carne, querido Pedro Paulo? Lembra que agora tu podes comer com a consciência tranqüila, pois a partir de hoje não tens mais nada a ver com o assassinato das reses.

BOCARRA —

Achas que devo? Talvez eu pudesse.
Será que já sou capaz?

SLIFT — Come alguma coisa e dá um balanço na situação, que não é boa.
Você hoje comprou a totalidade do existente em matéria de latas, sabia?
Estou vendo, Bocarra, o fascínio com que meditas sobre o teu portentoso natural, mas permite que eu exponha brevemente a tua situação, o lado externo, inessencial, da vida.

Em primeiro lugar, compraste ao cartel da carne um estoque de quinze mil toneladas. Dentro de poucas semanas você deverá colocá-las no mercado, em cujo estômago hoje não há lugar para uma única lata. Você pagou cinqüenta a unidade, mas o preço vai descer no mínimo a trinta. Em quinze de novembro, quando o preço estiver a trinta ou vinte e cinco, o cartel da carne te entregará mais quarenta mil toneladas àquele mesmo preço de cinqüenta.

BOCARRA —

Estou perdido, Slift!
Estou liquidado, eu comprei carne!
Ó Slift, o que foi que eu fiz!
Slift, trago nos ombros a carne toda do mundo.
Tal qual um Atlas trôpego, carregado de toneladas de lataria
Vou direto para a miséria. Hoje mesmo de manhã
Eram numerosos os que agonizavam; e eu
Fui até lá, para contemplar-lhes a falência e rir
E lhes dizer que já não existia ninguém tão tonto
A ponto de comprar carne em lata.
E lá estava eu quando ouço a minha voz dizer:
Eu compro tudo.
Slift, comprei carne, estou perdido.

SLIFT — O que te escrevem os amigos de Nova York?

BOCARRA — Eles me aconselham a comprar carne.

SLIFT — A comprar o quê?

BOCARRA — A comprar carne.

SLIFT — Então por que essa choradeira, se foi carne o que você comprou?

BOCARRA — É, eles me aconselham a comprar carne.

SLIFT — Mas é o que você fez, você comprou carne.

BOCARRA —

É verdade, eu comprei carne, mas comprei

Não por causa do que está escrito nesta carta
Que está errada e é pura teoria, não por motivos
Baixos, mas porque aquela pessoa me fulminou, juro
Que mal passei os olhos por esta carta
Que só hoje cedo veio às minhas mãos.
Olhe ela aqui: "Querido Pedro Paulo!".

SLIFT *continuando a leitura* — "As novas hoje são boas, saiba que o nosso dinheiro já começa a dar frutos: na Câmara dos Deputados haverá muitos votos contra as tarifas interestaduais, de modo que parece aconselhável, caro Pedro Paulo, comprar carne. Amanhã voltaremos a escrever".

BOCARRA —
Esta corrupção do dinheiro é outra coisa
Que não devia existir. Facilmente
Estouram guerras com tais pretextos, e milhares
Perdem a vida por causa de dinheiro sujo.
Caro Slift, pressinto que estas novas não trazem nada de bom.

SLIFT —
Depende de quem forem os missivistas.
Subornar, suprimir tarifas, declarar guerras
Não é para qualquer um. É gente capaz?

BOCARRA — É gente com liquidez.

SLIFT — Quem são?
*Bocarra sorri.*

SLIFT —
Neste caso os preços talvez voltassem a subir?
Escaparíamos com ferimentos leves.
É uma perspectiva, não fosse a muita carne
Dos criadores, que oferecida ansiosamente no mercado
Fará que os preços voltem a baixar. Não, Bocarra
Não entendo a carta.

BOCARRA —
Vamos imaginar o seguinte: alguém roubou

E foi pego.
Se agora ele não abate também quem o segura
Estará perdido, se o fizer, escapa.
A carta (que está errada) exige (para estar certa)
Um tal crime.

SLIFT — Um crime?

BOCARRA —
De que nunca serei capaz. Porque eu agora
Quero viver tranqüilo. Ganhem os outros
Com este crime, e ganhar eles vão.
Bastaria comprar a carne disponível por aí
Convencer os criadores de que há carne
Em excesso no mercado, lembrando-lhes que Lennox
Fechou, para então lhes comprar
Tudo que tiverem. Sobretudo isto:
Comprar aos criadores toda a carne que tiverem, aí
Os logrados naturalmente passam a ser estes, não, eu
Não quero nada com isto.

SLIFT —
Você não devia ter comprado carne, Pedro Paulo!

BOCARRA —
É, não vai dar certo, Slift.
Eu não compro um chapéu, um sapato que seja
Enquanto não sair desta história, e me dou por feliz
Se sair dela com cem dólares de meu.

*Tambores. Entra Joana, acompanhada dos criadores e de alguns operários.*

JOANA — Vamos desentocá-lo como um bichinho. Vocês fiquem do lado de lá enquanto eu canto do lado de cá. Ele vai sair por ali, para me escapar, porque ele já não gosta de me ver. *Ela ri.* Nem a mim, nem aos que me acompanham.

*Os criadores postam-se diante da porta da direita.*

JOANA *diante da porta da esquerda* — Venha cá para fora, Mister Bocarra, preciso falar-lhe a respeito da miséria dos criadores de gado do estado de Illinois. Estão comigo também alguns trabalhadores, que querem saber o dia da reabertura da fábrica.

BOCARRA — Slift, onde fica a outra porta, eu não quero encontrá-la, nem sobretudo os que estão com ela. E também não vou abrir fábrica nenhuma agora.

SLIFT — Saia por aqui.
*Os dois passam por dentro da casa para a porta da direita.*

OS CRIADORES *diante da porta da direita* — Venha cá para fora, Bocarra, você é o culpado de nossa desgraça, somos mais de dez mil criadores em Illinois e estamos sem saída. Você vai ter que comprar o nosso gado.

BOCARRA —
Fecha a porta, Slift! Eu não compro.
Eu que já estou arcando com toda a carne enlatada da terra
Vou pôr nas costas também o gado todo de Sírius?
Atlas, que mal e mal pode com o nosso planeta, não pode
Ajudar a carregar Saturno.
Haveria quem me comprasse o gado?

SLIFT — Possivelmente Graham, que precisa de carne verde.

JOANA *diante da porta da esquerda* — Não sairemos daqui enquanto a situação dos criadores não estiver resolvida.

BOCARRA — Possivelmente Graham, de fato, este precisa de gado. Slift, saia e diga a eles que vou pensar dois minutos.
*Slift sai.*

SLIFT *aos criadores* — Pedro Paulo Bocarra está examinando o pedido de vocês. Ele pede dois minutos para refletir.
*Slift volta a entrar.*

BOCARRA — Não vou comprar. *Ele começa a fazer cálculos.* Slift, eu compro. Slift, me traga tudo que se pareça a boi ou porco, que eu compro, tudo que cheire a banha, que eu compro, e pode me trazer toda e qualquer mancha de gordura, que eu sou comprador, ao preço deste dia, que é cinqüenta.

SLIFT —

Você, Bocarra, não compra um chapéu que seja
Mas compra todo o gado de Illinois.

BOCARRA —

É, vou fazer esta última compra. Está decidido, Slift.
Aceite.
*Ele desenha a letra A na porta de um armário.*
Alguém faz uma bobagem, A é uma bobagem.
Foi o coração que o levou a fazer a bobagem.
Por cima ele agora faz B, e B também é uma bobagem.
Mas acontece que A e B juntos dão certo.
Deixa entrar os criadores, é gente boa
Que trabalha pesado e se veste com decência
E cujo aspecto não me apavora.

SLIFT *sai e dirige-se aos criadores* — Para salvar o estado de Illinois e impedir o naufrágio de seus fazendeiros e criadores, Pedro Paulo Bocarra se decidiu a comprar todo o gado que esteja à venda. Todavia os contratos não podem ser feitos em nome dele, porque o nome dele não deve ser mencionado.

OS CRIADORES — Viva Pedro Paulo Bocarra, que está salvando o negócio dos criadores!

*Eles entram na casa.*

JOANA *falando alto, para que eles ouçam* — Diga a Mister Bocarra que os Boinas Pretas agradecem em nome de Deus. *Aos trabalhadores* — Se os que compram o gado e os que vendem o gado estão satisfeitos, vai haver pão também para vocês.

# 7

## OS MERCADORES SÃO EXPULSOS DO TEMPLO

*A casa dos Boinas Pretas.*

*Os Boinas Pretas estão sentados em volta de uma mesa comprida contando as esmolas recebidas. O dinheiro das viúvas e dos órfãos está em latinhas.*

Os Boinas Pretas *cantam* —

Dai aos pobres e às crianças
Que têm frio e não têm pão
Dai esmolas a Jesus
Que vos traz a salvação.

Paulus Snyder, tenente dos Boinas Pretas *levanta* — É muito pouco! *Dirigindo-se aos pobres mais ao fundo, entre os quais Dona Luckerniddle e Gloomb* — Vocês outra vez! Agora não saem mais daqui? Os matadouros estão abertos e trabalhando!

Dona Luckerniddle — Que idéia! Os matadouros estão fechados.

Gloomb — Correu o boato que iam abrir, mas não abriram.

Snyder — Não cheguem tão perto da caixa.
*Ele faz gestos para que se afastem. Entra Mulberry, o zelador da casa.*

Mulberry — O que está havendo com o meu aluguel?

Snyder — Meus queridos Boinas Pretas, caro Senhor Mulberry, estimado auditório! No que diz respeito à difícil questão das finanças, uma boa causa fala por si, embora necessite de alguma publicidade. Até agora, a nossa pregação tem se dirigido aos pobres e aos paupérrimos, na suposição de que os mais necessitados da ajuda divina seriam também os mais abertos à palavra de Deus, além de formarem uma grande massa que é o que resolve. Inexplicavelmente a experiência nos tem mostrado que estas camadas sociais manifestam bastante dureza em relação ao Senhor. É possível contudo que procedam assim porque não têm nada de seu. Por via das dúvidas eu, Paulus Snyder, resolvi convocar em vosso nome as famílias prósperas e cotadas de Chicago, para que nos ajudem sábado próximo, quando tentaremos uma ofensiva frontal contra a descrença e o materialismo nesta nossa cidade, sobretudo nas camadas ínfimas. O dinheiro que levantarmos servirá entre outras coisas para pagar o aluguel atrasado que o nosso prezado zelador, Mr. Mulberry, tem tido a gentileza de não cobrar.

MULBERRY — Seria deveras bem-vindo, mas não seja por isso.

SNYDER — Bem, agora vamos todos ao trabalho, alegremente, e esfreguem sobretudo o saguão da entrada.
*Os Boinas Pretas saem.*

SNYDER *aos pobres* — Digam, os trabalhadores continuam pacientes? Eles ainda não estão dizendo coisas subversivas contra o locaute?

DONA LUCKERNIDDLE — Desde ontem a gritaria é grande, porque eles souberam que as fábricas receberam encomendas.

GLOOMB — Muitos já estão dizendo que sem violência não haverá trabalho nunca mais.

SNYDER *consigo mesmo* — As circunstâncias são favoráveis. Se os magnatas da carne forem recebidos a pedradas e se refugiarem aqui, vão nos dar ouvidos. *Aos pobres* — Vocês podiam pelo menos cortar a nossa lenha!

OS POBRES — Não tem mais lenha, Seu Major.
*Entrada dos magnatas Cridle, Graham, Meyers e do corretor Slift.*

MEYERS — É isto que eu me pergunto, Graham: Onde está o boi?

GRAHAM — Eu me pergunto a mesma coisa: onde estará o boi?

SLIFT — Eu também.

GRAHAM —
Não diga, você também? E mesma coisa o Bocarra?

SLIFT — A mesma coisa o Bocarra.

MEYERS —
Anda por aí um suíno que está comprando tudo
E que bem sabe que temos compromisso
Passado em cartório de entregar carne enlatada
E que portanto precisamos do boi.

SLIFT — Quem será?

GRAHAM *dá-lhe um soco no estômago* —
Brincalhão!
Você quer enganar alguém? Diga ao Pedrinho
Que desta vez pode não dar certo
Ele pôs o dedo no nervo da vida.

SLIFT *a Snyder* — Vocês o que querem de nós?

GRAHAM dá-lhe outro soco — O que será que eles querem, Slift?
*Slift exagera no gesto de quem dá dinheiro.*

GRAHAM — Você acertou, Slift!

MEYERS *a Snyder* — Pode mandar bala!
*Eles se sentam nos genuflexórios.*

SNYDER *no púlpito* — Nós, os Boinas Pretas, soubemos que há cinqüenta mil homens parados e sem trabalho nos matadouros. E também que vários já estão reclamando, dizendo que está na hora de fazerem alguma coisa. Aliás, quando se buscam os culpados pelo desemprego dos cinqüenta mil, o nome dos senhores vem à baila. Eles vão acabar lhes tirando as fábricas e dizendo: vamos fazer como os bolcheviques e tomar as fábricas em nossas mãos para que todos tenham trabalho e comida. Pois hoje é voz corrente que a desgraça não é natural como a chuva e que ela é organizada por uns poucos que tiram proveito dela. Bem entendido, a intenção dos Boinas Pretas é dizer aos pobres que a desgraça é inevitável sim senhor, como a chuva, que ninguém explica de onde vem, e que o sofrimento é o destino deles, pelo qual mais adiante serão recompensados.

OS TRÊS INDUSTRIAIS — Para que falar em recompensa?

SNYDER — A recompensa de que falamos é paga depois da morte.

OS TRÊS INDUSTRIAIS — Quanto vocês querem pelo serviço?

SNYDER — Oitocentos dólares por mês, para pagar a sopa quente e a música chamativa. Em nossa pregação prometeremos também que os ricos serão castigados quando estiverem mortos.

*Os três riem às gargalhadas.*

SNYDER — E tudo isto por apenas oitocentos dólares por mês!

GRAHAM — Para que tanto, rapaz. Peça quinhentos!

SNYDER — Setecentos e cinqüenta ainda seria possível, desde que...

MEYERS — Setecentos e cinqüenta já é mais razoável. Enfim, digamos quinhentos.

GRAHAM — Vocês não podem deixar por menos de quinhentos. *Aos outros*: — É a quantia certa.

MEYERS *à frente* — Confessa, Slift, as boiadas estão com vocês.

SLIFT — Bocarra e eu não compramos um tostão de gado, tão certo como eu estar sentado aqui. Deus está de prova.

MEYERS *a Snyder* — Quinhentos dólares? É muito dinheiro. Quem vai pagar tudo isto?

SLIFT — É, o senhor precisa achar alguém que lhe dê isso tudo.

SNYDER — Claro, claro.

MEYERS — Não será fácil.

GRAHAM — Confesse, o Pedrinho está com os bois.

SLIFT *rindo* — É tudo malandro, doutor Snyder.

*Todos riem, salvo Snyder.*

GRAHAM *a Meyers* — O homem não tem senso de humor. Não estou gostando.

SLIFT — Vamos ao principal, de que lado o senhor está: do lado de cá da barricada, ou do lado de lá?

SNYDER — Os Boinas Pretas estão acima do conflito, senhor Slift. Portanto, do lado de cá.

*Entra Joana.*

SLIFT — Chegou a nossa Santa Joana do Mercado de Carnes!

OS TRÊS INDUSTRIAIS *gritando com Joana* — Não estamos nada satisfeitos com a senhora, nada, por que a senhora não leva um recado nosso ao Bocarra? Consta que a senhora é influente e que ele come na palma de sua mão. Ocorre que não há boi na praça e que desconfiamos do Bocarra. É verdade que ele faz tudo que a senhora pede? Diga a ele para desentocar as boiadas. Olhe, se a senhora conseguir, pagamos quatro anos de aluguel aos Boinas Pretas.

JOANA *viu os pobres e assustou-se* — O que vocês estão fazendo aqui?

DONA LUCKERNIDDLE *vem à frente* —
Os vinte almoços estão comidos.
Não se enfureça por me ver de novo aqui.
Com prazer eu desapareceria de sua vista.
É isto a crueldade da fome, que satisfeita
Embora, não deixa de voltar.

GLOOMB *vem à frente* —
Eu te conheço, fui eu quem insistiu
Para que você trabalhasse na fresa
Que me levou o braço. Hoje eu faria coisa pior.

JOANA — Por que vocês não estão trabalhando? Se eu arranjei trabalho para vocês!

DONA LUCKERNIDDLE — Pois sim, os matadouros estão fechados.

GLOOMB — Correu que eles iam ser abertos, mas não foram.

JOANA *aos industriais* — Eles então continuam à espera? *Os industriais se calam.*
E eu pensando que estivessem abrigados.
Estão debaixo de neve há sete dias

E esta mesma neve que os mata os esconde
Da vista dos outros homens. Que tão facilmente
Eu pudesse esquecer o que todos gostamos de esquecer
Para estarmos tranqüilos! Basta alguém dizer
Que o pior já passou e ninguém
Faz questão de verificar.

*Aos industriais* — Pois o Bocarra não comprou carne de vocês? Comprou sim senhores, a meu pedido! E nem agora vocês abrem as suas fábricas?

Os três Industriais — É verdade, nós quisemos abrir.

Slift — Mas antes disso vocês querem depenar os criadores!

Os três Industriais — Como vamos começar o abate, se não há boi na praça?

Slift — Quando compramos carne de vocês, o Bocarra e eu supusemos que vocês fossem retomar o trabalho, e que os trabalhadores em conseqüência pudessem comprar essa mesma carne. Agora quem vai comer a carne que nós compramos de vocês, para quem compramos carne, se os que têm estômago não têm dinheiro?

Joana — Já que a ferramenta de trabalho dessa gente são as imensas fábricas e instalações que vocês controlam, pelo menos deixem o trabalhador entrar, porque senão ele está liquidado, o que aliás não deixa de ser uma exploração, e se os míseros, acuados até onde é possível, não vêem saída salvo o cacete, para dar na cabeça de seus perseguidores, aí então vocês enchem as calças, eu já notei, aí se lembram da religião, para botar panos quentes, mas Deus ainda tem amor-próprio e não vai servir de criado para limpar a imundície que vocês deixaram. Eu me mato de correr entre uns e outros, convencida de que ajudando em cima ajudava também os que estão por baixo, como se houvesse uma espécie de unidade e todos remassem no mesmo barco, mas fui uma grandíssima tonta. Para ajudar os que são pobres, parece que só mesmo contra vocês. Mas é verdade então que vocês não têm respeito nenhum pelo semblante humano? Nesse caso, pode ocorrer que vocês próprios já não sejam reconhecidos como humanos, que sejam vistos como feras, as quais é preciso caçar no interesse da ordem e da segurança pública! Vocês só têm a coragem de vir à casa de Deus porque estão cheios de ouro, ganho todos nós sabemos onde e como, desonestamente. Mas vocês bateram à porta errada, vocês têm que ser expulsos daqui, expulsos a pau. Sim senhor, não façam essa cara, um homem não deve ser tratado como um bicho, mas vocês não são homens, fora daqui, e depressa, que senão eu faço uma bobagem, não me segurem, eu sei muito bem o que estou fazendo, infelizmente durante muito tempo eu não soube.

*Joana utiliza o cabo da bandeira para expulsá-los. Os Boinas Pretas aparecem nas portas.*

JOANA — Fora daqui! Vocês querem transformar a casa de Deus num chiqueiro? Numa segunda bolsa de carnes? Fora daqui! Vocês não têm nada que pôr os pés aqui. Não queremos ver essas caras aqui. Vocês são indignos e eu ponho vocês para fora. Apesar do seu dinheiro!

OS TRÊS INDUSTRIAIS — Como não. Mas conosco vão-se embora, modesta e irreversivelmente, quarenta aluguéis mensais. Menos mal, pois todo tostão nos será necessário, aproximam-se tempos tremendos, nunca vistos no mercado de carnes.

*Saem os industriais e Slift, o corretor.*

SNYDER *correndo atrás deles* — Fiquem, meus senhores, não vão embora, ela não tem procuração de ninguém! É uma pobre infeliz! Ela vai ser despedida! Ela fará o que os senhores mandarem!

JOANA *aos Boinas Pretas* — Ficou tudo um pouco esquerdo por causa dos aluguéis. Mas isto pouco importa. *A Dona Luckerniddle e a Gloomb* — Sentem-se aqui atrás, eu vou trazer uma sopa para vocês.

SNYDER *de volta* —

Vai, convida os pobres para a ceia e serve
Água de chuva e belas palavras
Uma vez que também o céu não lhes traz consolo
Uma vez que também o céu só lhes traz neve.

Sem qualquer humildade soltaste
As rédeas ao teu primeiro impulso! Nada
Mais fácil que expulsar o impuro com altivez.
Você torce o nariz para o pão que nós precisamos comer.
Você não só pergunta como ele foi feito, como
Inda por cima quer um pedaço. Vai, angélica
Sai na chuva e continua a ser justa perdida na neve!

JOANA — Isso quer dizer que eu devo tirar o meu uniforme?

SNYDER — Devolva o seu uniforme e faça a sua mala! Saindo desta casa você leva esta gentinha que você nos trouxe. Você atraiu só gentinha e escória, e agora vai fazer parte dela. Vá buscar as suas coisas.

*Joana sai e volta com uma pequena mala. Está vestida como uma moça pobre do interior.*

JOANA —

Saio em busca do rico Bocarra, a quem
Os pavores e os bons sentimentos assaltam
Para que ele nos ajude. Não voltarei
A vestir uniforme nem esta boina preta
Nem voltarei a esta casa querida
Dos cânticos de graça e das iluminações enquanto
Não tiver ganho e convertido à nossa causa
Integralmente o rico Bocarra.
Embora o dinheiro como um câncer maligno
Possa ter destroçado o ouvido e a própria compleição
Humana aos ricos de modo a separá-los e torná-los
Surdos nas suas alturas aos gritos da aflição!
Pobres aleijões!
No meio dos quais, ainda assim, há de se encontrar um justo!

*Sai.*

SNYDER —

Pobre ignorante!
É isto que você não vê: integrados
Em campos colossais defrontam-se
Patrões e empregados
Frentes em luta: não há conciliação.

Vai, corre de um campo a outro, conciliadora e mediadora
Não serve a nenhum e naufraga.

MULBERRY *entrando* — Vocês já estão com o dinheiro?

SNYDER — Como se Deus não tivesse com que pagar o aluguel desta sua modesta morada na terra, aluguel que está caro, Mr. Mulberry.

MULBERRY — Pagar, exatamente, é disto que se trata! O senhor disse a palavra certa, Mr. Snyder! Se Deus que está no céu paga, muito bem. Mas se não paga, não dá. Se Deus não pagar o aluguel até sábado de noite Ele vai para a rua. Estamos entendidos? *Sai.*

## 8

## DISCURSO DE PEDRO PAULO BOCARRA SEGUNDO O QUAL O CAPITALISMO E A RELIGIÃO SÃO INDISPENSÁVEIS

*Escritório de Bocarra.*

BOCARRA —

Agora, Slift, chegou o dia
Em que o bondoso Graham e os outros
Todos que especulavam na baixa
Serão obrigados a comprar a carne
Que eles nos devem.

SLIFT —

Eles não vão pagar barato, porque
Tudo que muge nos mercados de Chicago neste dia de hoje
É gado nosso.
E os suínos que eles nos devem somos nós
Quem vai lhes vender. Aí vai sair caro.

BOCARRA —

E agora solta a matilha de teus compradores, Slift!
Para que enervem o mercado com a sua busca furiosa

De tudo que lembre de perto ou de longe uma vaca
Ou um porco a fim de empurrar os preços para cima.

SLIFT —
Há novidades da tua Joana? No mercado de carne
Corre o boato de que você dormiu com ela.
Desmenti categoricamente. Desde que ela nos expulsou
A todos do templo, não se ouviu mais falar nela
É como se a escura e tremenda Chicago a tivesse engolido.

BOCARRA —
Gostei da simplicidade
Com que ela pôs vocês de lá para fora. Aquela não tem medo de nada
E se eu tivesse estado presente
Também eu seria posto na rua, é o que eu amo
Nela, é o que amo naquela casa
É que gente como eu eles não admitem.
Slift, empurre o preço para oitenta, vamos reduzir estes Grahams
A mingau, onde afundaremos o nosso pé
Só pelo gosto de recordar o seu molde.
Eu não solto um grama de carne pois
Desta vez lhes tiro o couro definitivamente
Como é do meu natural.

SLIFT —
Alegra-me, Bocarra, que você tenha vencido
A fraqueza dos dias passados. E agora
Vou ver como eles compram gado.
*Slift sai.*

BOCARRA —
O certo seria arrancar de vez o couro
A esta cidade maldita para explicar
O negócio da carne à rapaziada.
Deixa gritarem depois que foi "criminoso".
*Entra Joana com uma mala.*

JOANA — Bom-dia, Mister Bocarra. O senhor é difícil de encontrar. Por enquanto vou deixar as minhas coisas ali. É que não estou mais com os Boinas Pretas. Houve desentendimentos entre nós. Aí achei que era uma ocasião para procurar Mister Bocarra. Agora que não tenho o desgaste do trabalho missionário, me sobra mais tempo para os casos individuais. E penso, com sua licença, me ocupar um pouco do senhor. Sabe, eu já havia notado que o senhor é mais aberto que muitos outros. Estes sofás antigos são os melhores. Para que o lençol em cima? Nem dobrado direito ele está. O senhor dorme aqui mesmo no escritório? Eu pensava que morasse num daqueles palacetes. *Bocarra se cala.* Mas o senhor tem toda a razão, economia se faz nas pequenas coisas como nas grandes, mesmo sendo o rei dos frigoríficos. Não sei por que, quando vejo o senhor me vem à cabeça o episódio de Deus nosso Pai que busca Adão no paraíso e chama: "Adão, onde estás?". O senhor está lembrado? *Ela ri.* Adão, para variar, está escondido atrás de umas moitas, enfiado até os cotovelos no sangue de uma novilha, e é neste estado que ele ouve a voz de Deus. Ele faz de conta que não está ali. Mas Deus não deixa por menos e insiste: "Adão, onde estás?". E Adão, mortificadíssimo e com as faces em fogo, responde: "Você me busca logo agora que matei a novilha. Não diga nada, eu sei muito bem, eu não devia ter feito isto". Enfim, a sua consciência hoje talvez não esteja comprometida, hem Mister Bocarra?

BOCARRA — A senhora então não está mais com os Boinas Pretas?

JOANA — Não estou. E meu lugar também não é mais lá.

BOCARRA — E a senhora tem vivido de quê?
*Joana cala.*

BOCARRA — De nada. Faz tempo que a senhora não está com os Boinas Pretas?

JOANA — Oito dias.

BOCARRA *soluça no fundo da cena* —
Transformada a esse ponto, em só oito dias!
Onde esteve? Com quem falou? O que terá sido
Isto de que falam as marcas no seu rosto?
A cidade

De onde ela vem, eu ainda não conheço.
*Ele traz comida numa bandeja.*
Vejo você muito transformada, olhe aqui um prato.
Eu não vou comer.
*Joana olha a comida.*

JOANA — Mister Bocarra, depois que expulsamos os ricos de nossa casa...

BOCARRA — ... o que eu apreciei muito e achei justo...

JOANA — ... o proprietário dela, que vive do aluguel, disse que nos despeja sábado que vem.

BOCARRA — Sei, e a situação econômica dos Boinas Pretas piorou?

JOANA — É isso, e achei que a ocasião era boa para procurá-lo.
*Ela começa a comer com sofreguidão.*

BOCARRA — Não tem dúvida. Eu vou ao mercado e levanto o dinheiro que for preciso. Vou mesmo, e digo mais, eu levanto este dinheiro nem que seja para arrancar o couro à nossa cidade. Eu faço isto por vocês. O dinheiro naturalmente está caro, mas eu levanto. Vai ser tudo conforme o seu gosto.

JOANA — Sim, Mister Bocarra.

BOCARRA — Você vá até lá e diga a eles que o dinheiro sai, até sábado ele sai. O Bocarra vai levantá-lo. Diga que ele acaba de ir ao mercado de carnes para levantá-lo. Faltou sorte na questão dos cinqüenta mil desempregados, não foi o que nós queríamos. Não deu para arranjar o trabalho para eles na hora. Mas para você eu faço uma exceção: os seus Boinas Pretas serão poupados, eu levanto este dinheiro. Vá e diga isso a eles.

JOANA — Vou, Mister Bocarra!

BOCARRA —
Está aqui no papel, por escrito. Tome.
Também eu lamento que eles estejam parados

Nos matadouros esperando por um trabalho que não é bom.
Cinqüenta mil
Espalhados pelos pátios e que nem de noite saem mais daqui.
*Joana pára de comer.*
O fato é que neste negócio
Se trata do ser e do nada: ou
Sou o mais forte de minha classe ou
Desço eu mesmo pelo corredor sem luz que vai ao matadouro.
E se isto não bastasse a escória está de volta em todos os pátios
Criando caso.
E agora, para dizer as coisas como elas são, quisera
Ouvir, nas suas palavras, que está certo o que eu faço
E que o meu negócio não é contra a natureza: em suma
Você atesta que eu segui o seu conselho
Encomendando carne ao cartel da carne e também
Aos criadores e que portanto eu fazia o bem. Como
Sei perfeitamente que vocês são pobres
E logo agora um proprietário os quer deixar sem teto
Darei a minha contribuição inclusive neste ponto: como prova
Cabal de minha boa vontade.

JOANA — Quer dizer que os trabalhadores continuam diante das fábricas esperando?

BOCARRA —

Por que você é contra o dinheiro? E fica
Tão mudada quando ele falta!
O que pensa você do dinheiro? Diga
Eu quero saber, e não pense erradamente
Como os tontos que o dinheiro torna
Suspeitosos. Considere a realidade
A verdade chã, pouco agradável talvez, mas
Verdade, a completa instabilidade das coisas, entregues quase
Ao acaso, como a espécie humana a ventos
E tempestades. Ao passo que o dinheiro
Algo pode, ainda que só para alguns
Poucos, isto sem esquecer: que tremenda é a sua obra!
Levantada em tempos imemoriais, mas sempre recomeçada
Porque sempre desmoronando, gigantesca mesmo assim, verdade

Que exigindo interminável sacrifício, sempre dificílima de erguer
E sempre sendo erguida, contra tudo muito embora inevitável
Arrancando o possível à adversidade do planeta seja
O possível qual for, muito ou pouco, e por isto
Abraçada sempre pelos melhores. Pois entenda, mesmo
Se eu que sou bastante crítico e perco o sono quisesse
Saltar fora, seria
Como o inseto que deixa a luta contra a maré. Transformado
Em nada instantaneamente eu me veria
Tragado pelo curso das coisas seguindo adiante.
E não fosse assim, teria tudo que ser demolido até o fundamento
E modificado o plano da obra também até o fundamento conforme
Uma estimativa inteiramente diversa e inédita dos humanos que vocês
Nem nós queremos pois isto se passaria sem nós nem Deus, o qual
Seria abolido porque completamente sem função. Por isto vocês
Não podem ficar de fora, e ainda que dispensados de abater
Diretamente, coisa que nem pedimos que façam
Terão de dizer sim de viva voz ao sacrifício.
Resumindo: vocês têm
Que recolocar Deus em pé
A única salvação
Batendo os tambores em seu nome
Para que ele tome alento nos subúrbios da miséria
E nos matadouros a voz dele seja ouvida.
Isto seria suficiente.
*Ele lhe entrega o papel.*
Aceite o que lhe dão mas saiba
Com que fins foi dado! Aqui está o recibo, são quatro anos de aluguel.

JOANA —

Mister Bocarra, o que o senhor acaba de me dizer eu não entendo
Nem quero entender.
*Ela se levanta.*
Eu sei que deveria estar alegre pois ouvi

Que vão ajudar a Deus, porém: eu
Estou entre aqueles a quem
Esta ajuda não ajuda. A quem não chegou
Ajuda alguma.

BOCARRA —

Vai, entrega este dinheiro aos Boinas Pretas e serás
uma deles novamente, esta vida sem arrimo
Não te faz bem. Acredita
Eles querem o dinheiro, e é bom que seja assim.

JOANA —

Se os Boinas Pretas
Aceitarem seu dinheiro, muito bem, mas
Quanto a mim fico entre os que esperam nos matadouros
Até que as fábricas abram os portões, eu vou
Comer o que eles comem, se for neve, será neve, e quero
Que o trabalho deles seja o meu trabalho porque também eu
Não tenho dinheiro e não tenho outra maneira de ganhá-lo
Pelo menos honesta, e se não houver trabalho
Que não haja também para mim
E se o senhor que vive da pobreza
E não suporta ver os pobres e condena
O que desconhece e se arranja
Para não ver o que condenou e está
Entregue às baratas nos matadouros sem apelação:
Se o senhor quiser me ver daqui por diante será
Nos matadouros.

*Ela sai.*

BOCARRA —

Portanto, Bocarra, hoje à noite
A cada tanto sai da cama e vai
Ver à janela se está nevando
E se estiver
É ela que está na neve, ela, que você conhece.

# 9

# a

## TERCEIRA DESCIDA DE JOANA ÀS PROFUNDEZAS: A NEVASCA

*Região dos matadouros.*

*Joana. Gloomb e Dona Luckerniddle estão com ela.*

JOANA —

Ouçam o que sonhei uma noite
Sete dias atrás.
Vi diante de mim um terreno vazio
Pequeno até para um jogo de peteca
Porque apertado entre edifícios enormes, e neste terreno
Um bolo humano de número indeterminado, mas
Maior que o número de pardais que se pudessem reunir
Em praça tão pequena, um bolo portanto
Muito compacto, a ponto de o terreno vergar nas bordas
E embarrigar no meio, com risco
De a massa escorrer, mas
Ela resiste, visivelmente pulsando em si mesma
Até que uma palavra a mais lançada em qualquer parte
E de conteúdo também qualquer a transforma em torrente.
Agora eu via cortejos, ruas, ruas conhecidas, Chicago! Vocês!
Via vocês marchando, e depois me vi a mim.
Eu ia à frente de vocês, muda e marchando
A passo marcial, a fronte ensangüentada
E lançando palavras de sonoridade guerreira numa língua
Que desconheço, e como os cortejos fossem muitos
E viessem de muitos lados ao mesmo tempo
Eu vinha à frente de todos eles em numerosas encarnações:
Moça e velha, em prantos e tremenda
E, sobretudo, fora de mim mesma! Virtude e terror!
Transformando tudo o que meu pé tocava
Causando imensa destruição, influindo palpavelmente
No curso dos astros, mas transformando também
A fundo as ruas mais vizinhas, conhecidas de todos nós.

Assim avançava o cortejo e eu com ele
Envolta em neve que me ocultava ao ataque inimigo
Transparente quase de fome e portanto inalvejável
Jamais localizada por viver sem domicílio
E superior a qualquer tortura por habituada
A todas. E assim marcha o cortejo abandonando
A praça insustentável, trocando-a por outra, pouco importa qual.
Este o meu sonho.
Hoje vejo a interpretação.
Antes que amanheça nós
Deixaremos estes pátios
E quando clarear estaremos na Chicago deles
Mostrando em praça aberta a extensão de nossa miséria
E interpelando tudo que se assemelhe a um ser humano.
O que será depois não sei.

GLOOMB *a Dona Luckerniddle* — A senhora entendeu o que ela disse? Eu não.

DONA LUCKERNIDDLE — Se ela não falasse tanto, nós agora estaríamos comendo sopa na casa dos Boinas Pretas, que é aquecida!

b

*A Bolsa de Carnes.*

BOCARRA *aos industriais* —
Os amigos de Nova York me escrevem
Que a lei tarifária do Sul
Acaba de cair.

OS INDUSTRIAIS —
Ai de nós, a lei tarifária cai, e nós
Sem carne para vender! A nossa já está vendida
A preço baixo, e agora teremos de comprá-la na alta!

OS CRIADORES —
Ai de nós, a lei tarifária cai, e nós
Sem gado para vender! O nosso já está vendido
A preços baixos!

OS PEQUENOS ESPECULADORES —

Ai de nós! Eternamente indevassáveis
São as eternas leis
Da economia humana!
Imprevisto
O vulcão despeja lava e destrói uma província!
Repentina
A terra lucrativa emerge das águas revoltas!
Ninguém preparado, ninguém sabendo de nada! O último
Que ficar no entanto é mordido pelos cachorros!

BOCARRA —

Já que é forte a procura
De carne enlatada a preço aceitável
Exijo que me entreguem rapidamente
A carne em lata que me devem
Conforme o nosso contrato.

GRAHAM —

Ao preço antigo?

BOCARRA —

Como combinado, Graham
Quarenta mil toneladas, se bem recordo
Um momento em que eu estava fora de mim.

OS INDUSTRIAIS —

Como comprar o gado agora se os preços estão subindo?
Anda por aí alguém que açambarcou tudo
E que ninguém conhece —
Bocarra, libera-nos deste contrato!

BOCARRA —

Infelizmente eu vou precisar das latas. E gado
De corte não falta, um pouco caro, está certo, mas
Não falta. E só comprar!

OS INDUSTRIAIS —

Comprar gado agora, Deus nos livre!

c

*Um botequim na região dos matadouros.*

*Trabalhadores e trabalhadoras, entre os quais Joana. Chega um comando de Boinas Pretas. Joana levanta e durante o que segue fará gestos desesperados de dissuasão.*

JACKSON, TENENTE DOS BOINAS PRETAS *após uma cantoria apressada* —
O sorriso de Jesus é mais forte que vinho
O sorriso de Jesus é melhor do que pão
Vem a nós, pecador, Jesus é a salvação.
Aleluia!

*Uma jovem Boina Preta prega aos trabalhadores e no entremeio faz observações aos colegas.*

MARTA, SOLDADO DOS BOINAS PRETAS — (Vocês acham que adianta?) Irmãos e irmãs, esta que lhes fala também esteve perdida, como vocês, à beira da estrada e cheia de pensamentos negros, a carne em mim querendo só comer e beber. Mas com a graça de Deus encontrei Jesus, e a luz e a alegria se fizeram dentro de mim, e agora (Eles não prestam a menor atenção!), quando penso firmemente Nele, cuja dor nos redimiu de nossos muitos malfeitos, já não tenho sede nem fome, tenho sede e fome só da palavra de nosso Salvador. (Não adianta nada.) Onde Jesus está não está a violência, está a paz; não está o ódio, está o amor. (É inútil.) É por isto que lhes digo que a esperança existe!

OS BOINAS PRETAS — Aleluia! *Jackson passa a latinha, mas as moedas não vêm.* Aleluia!

JOANA —
Não é possível, dar um vexame destes, num frio destes
E ainda por cima fazer um discurso!
Realmente, estas palavras
Que amei outrora e me falavam ao coração
Penso que já não poderia mais suportá-las. Não haverá neles
Uma voz, um resto que lhes diga: você
Não se dá conta da neve e do vento? Cale essa boca!

UMA MULHER — Deixa. Eles precisam falar, senão ficam sem a comida e o abrigo da noite. Eu bem que gostaria de estar lá!

DONA LUCKERNIDDLE — A música estava uma beleza!

GLOOMB — Linda e curta.

DONA LUCKERNIDDLE — É gente muito boa.

GLOOMB — Gente boa e curta, para ser curto e grosso.

A MULHER — Por que será que eles não vêm aqui falar e converter a gente?

GLOOMB *faz um gesto de quem conta dinheiro* — A senhora também acha que a esperança existe, Dona Swingurn?

A MULHER — A música é muito bonita, mas eu esperava que eles nos dessem um prato de sopa. Eles não estavam com uma panela?

O TRABALHADOR *surpreso* — Vejam só, a senhora tinha mesmo essa esperança?

DONA LUCKERNIDDLE — É isso, o que conta é a realidade. Conversa eu já ouvi demais. Se certas pessoas tivessem calado a boca eu teria onde ficar hoje à noite.

JOANA — Não existe gente aqui disposta a fazer alguma coisa?

O TRABALHADOR — Existe, os comunistas.

JOANA — Mas não são pessoas com intenções criminosas?

O TRABALHADOR — Não.
*Silêncio.*

JOANA — Onde é que eles estão?

GLOOMB — A Dona Luckerniddle sabe explicar.

JOANA *a Dona Luckerniddle* — É verdade que a senhora sabe?

DONA LUCKERNIDDLE — Antigamente, quando eu ainda não confiava em gente como a senhora, eu ia muito lá, por causa do meu marido.

d

*A Bolsa de Carnes.*

OS INDUSTRIAIS —
Estamos comprando carne! Novilhos!
Vitelos! Bois! Porcos!
Solicitamos ofertas!

OS CRIADORES —
Não há o que vender. Tudo que era vendável
Nós já vendemos.

OS INDUSTRIAIS —
Como não há? As estações de trem
Estão superlotadas de gado.

OS CRIADORES —
De gado vendido.

OS INDUSTRIAIS —
Vendido a quem?
*Entra Bocarra.*
*Os industriais atiram-se a ele.*

OS INDUSTRIAIS —
Não se consegue um só boi em Chicago!
Bocarra, você tem que nos dar um prazo!

BOCARRA —
Nada feito. Vocês vão entregar a carne.
*Ele se posta ao lado de Slift.*
Eu quero que eles saiam daqui limpos.

Um Criador —

Oitocentos bois de Kentucky a quarenta!

Os Industriais —

Impossível. Vocês estão loucos? Quarenta!

Slift —

Eu aqui. A quarenta.

Os Criadores —

Oitocentos bois para Sullivam Slift a quarenta.

Os Industriais —

É o Bocarra! Nós não dizíamos? É ele!
O cachorro sinuoso, ele nos força a entregar a carne
Enlatada mas açambarca os bois! Somos obrigados a lhe comprar
A carne de que precisamos para encher as latas dele próprio!
Carniceiro imundo! Toma, toma aqui a nossa carne, arranca um pedaço!

Bocarra —

Quem nasceu para carneiro não se espante quando é comido!

Graham *quer avançar para cima de Bocarra* —

Ele tem que ser liquidado, eu apago esse homem!

Bocarra —

Muito bem, Graham, agora eu quero as latas!
Entre você mesmo dentro delas.
Eu vou ensinar o negócio da carne a vocês, meus caros
Comerciantes. De agora em diante qualquer parte de qualquer bicho
No estado inteiro de Illinois será paga a mim e será bem paga
E para começar ofereço quinhentos bois a cinqüenta e seis.
*Silêncio.*
E agora, porque a procura está fraca e vocês não precisam de bois
Eu vou deixar por sessenta! E por favor não esqueçam
As minhas latas!

e

*Noutra parte dos matadouros.*

*Cartazes: "As vítimas do locaute da carne precisam da nossa solidariedade! Vamos preparar a greve geral!". Diante de um galpão, dois homens da central sindical falam a um grupo de trabalhadores. Chega Joana.*

JOANA — São estes os homens que lideram a luta dos desempregados? Eu quero participar. Tenho prática de falar em praça pública e em recintos fechados, mesmo que sejam grandes, não tenho medo de ser importunada, e acho que sou capaz de explicar bem uma causa que seja boa. Na minha opinião é preciso fazer alguma coisa já. E tenho sugestões.

O DIRIGENTE — Ouçam todos: os patrões até agora não mostraram a menor disposição de reabrir as fábricas. No começo parecia que o explorador Bocarra se empenhava na abertura, isto porque cobrava a grande quantidade de conservas que por contrato os industriais lhe devem. Depois ficou claro que a carne de que eles precisavam para encher as latas estava nas mãos do próprio Bocarra, que não está a fim de soltá-la. Assim, sabemos que se depender dos patrões nunca mais haverá emprego para todos os trabalhadores no matadouro, nem o salário será o mesmo. Nestas condições é preciso reconhecer que só a utilização da força nos pode ajudar. Pois bem, o pessoal dos serviços básicos da cidade nos prometeu aderir à greve geral até no máximo depois de amanhã. Esta informação tem que chegar depressa a todos os cantos do matadouro, para evitar que as massas, levadas pelos boatos, deixem as fábricas e depois sejam forçadas a aceitar as condições dos patrões. Hoje mesmo os patrões vão espalhar uma porção de mentiras, dizendo que a situação está resolvida e que não haverá greve geral. Por isto é necessário que estas cartas que estão aqui e asseguram que os operários do gás, da água e da eletricidade vão aderir à nossa greve sejam entregues às pessoas de confiança que às dez da noite estarão em diversos pontos esperando a nossa palavra de ordem. Ponha esta carta embaixo do avental, Jack, e espere os emissários na porta da cantina.

*Um trabalhador pega a carta e sai.*

Outro Trabalhador — Pode me dar a carta para o pessoal da Graham, que eu conheço.

O Dirigente — Rua Vinte e Seis, esquina com Michigan.
*O trabalhador pega a carta e sai.*

O Dirigente — Rua Treze, em frente ao prédio da Westinghouse. *A Joana* — Você quem é?

Joana — Eu perdi o meu emprego.

O Dirigente — Qual era o seu emprego?

Joana — Eu vendia uma revista.

O Dirigente — Para quem você trabalhava?

Joana — Eu vendia por conta própria.

Um Trabalhador — Ela talvez seja tira.

O segundo Dirigente — Não é não, eu a conheço, ela é dos Boinas Pretas e a polícia também sabe quem é. Ninguém desconfiaria dela. Acho que seria uma boa idéia, porque o ponto com o pessoal das fábricas Cridle já está vigiado. Nós não temos ninguém que dê menos na vista do que ela.

O Primeiro Dirigente — E quem te garante que ela entrega a nossa carta?

O Segundo — Ninguém. *A Joana* —
Uma única malha
Basta para inutilizar uma rede:
Os peixes passam pelo furo
Como se não houvesse rede
E as outras malhas todas
Ficam sem préstimo.

JOANA — Eu vendia jornal na Rua Vinte e Quatro. Eu não sou tira. Estou com vocês de coração.

O PRIMEIRO DIRIGENTE — Como "está conosco"? Você não é uma de nós?

JOANA — Os industriais não podem botar tanta gente na rua sem mais aquela, isto contraria o interesse geral. Parece até que a pobreza dos pobres interessa aos ricos! Fico pensando se a própria pobreza não será obra deles!

*Grandes gargalhadas dos trabalhadores.*

JOANA — Que coisa desumana!! Estou pensando em gente até mesmo como o Bocarra.

*Novas gargalhadas.*

JOANA — Por que estas risadas? Acho muita malícia, e não acho certo. Vocês estão pensando, sem nenhuma prova, que um homem como o Bocarra não pode ser humano.

O SEGUNDO DIRIGENTE — Sem nenhuma prova, não. Entregue a carta a ela sem susto. E conhecida sua, Dona Luckerniddle? *Dona Luckerniddle confirma.* Ela é honesta, não é?

DONA LUCKERNIDDLE — Honesta ela é.

O PRIMEIRO DIRIGENTE *dá a carta a Joana* — Vá até o silo número cinco nas Indústrias Graham. Quando chegarem três trabalhadores procurando alguém, você pergunta se eles são das indústrias Cridle. A carta é para eles.

f

*Bolsa de Carnes.*

OS PEQUENOS ESPECULADORES —
A bolsa vai a pique! A indústria da carne em perigo!
Que será de nós, o pequeno investidor?
E de nossa poupança aplicada até o último tostão?
A classe média está abaladíssima!

Um tipo como este Graham merecia ser rasgado em pedacinhos
E jogado fora antes que transforme em lixo
O papel em que está a parte que nos toca
De seu negócio sangrento.
Comprem logo este gado, comprem a qualquer preço!

*Durante a cena inteira, ao fundo, o prègão das firmas em concordata: "Meyers & Cia. pede concordata" etc.*

OS INDUSTRIAIS —
Nós não podemos mais, o preço está acima de setenta.

OS AGENTES —
Cortem a cabeça deles, os cabeçudos não querem comprar!

OS INDUSTRIAIS —
Compramos dois mil bois a setenta.

SLIFT *a Bocarra, que descansa contra uma coluna* — Aperta mais.

BOCARRA —
Vejo que vocês não cumpriram
O nosso contrato que quanto a mim foi fechado
Para criar empregos. E agora ouço dizer
Que a massa continua parada diante das fábricas.
Mas vocês vão se arrepender: quero já
As conservas que eu comprei!

GRAHAM —
Não pudemos fazer nada porque a carne desapareceu
Inteiramente do mercado!
Quinhentos bois a setenta e cinco.

OS PEQUENOS ESPECULADORES —
Comprem os bois, piranhas!
Eles não compram, eles
Preferem entregar as indústrias.

BOCARRA —
Não acho que devamos subir mais, Slift
Mais que isto eles não podem.

Está bem que eles sangrem, mas não
Que morram, se eles morrem
Estamos mortos nós também.

SLIFT —

Eles podem sim, suba mais.
Quinhentos bois por setenta e sete.

OS PEQUENOS ESPECULADORES —

Setenta e sete. Vocês ouviram? Por que
Vocês não compraram a setenta e cinco? Agora
Já está a setenta e sete e vai subir mais.

OS INDUSTRIAIS — O Bocarra nos paga cinqüenta a lata e nós não podemos lhe pagar o boi a oitenta.

BOCARRA *perguntando a alguns* — Onde estão os homens que eu mandei ao matadouro?

UM — Um deles está ali.

BOCARRA — Fala aí, seu.

O PRIMEIRO DETETIVE *relata* — São massas, chefe, que a mente não concebe. Se eu chamasse por uma Joana, apareceriam dez ou cem. Estão ali esperando, sem cara e sem nome. E não é só isto, é que não dá para ouvir a voz de um indivíduo. Eles são muito numerosos, correndo de um lado para o outro e perguntando por parentes que desapareceram. Na região em que os sindicatos trabalham a inquietação é grande.

BOCARRA — Trabalham, quem? Os sindicatos? E a polícia deixa? Diabo! Você vai telefonar à polícia imediatamente em meu nome, perguntando para que eu pago os meus impostos. Peça a cabeça dos chefes da agitação, seja claro com eles.
*Sai o primeiro detetive.*

GRAHAM —

Enfim, já que é para morrer, passa para cá,
Bocarra, mil a setenta e sete, é o nosso fim.

SLIFT — Quinhentos a setenta e sete vendidos a Graham.
Tudo o mais a oitenta.

BOCARRA *de volta* —
Slift, este negócio não está me divertindo mais.
Pode passar da conta. Até
Oitenta vá, mas a oitenta você entrega o peixe.
Eu quero ceder e desarrochar.
Chega. A cidade precisa retomar
O fôlego. E eu tenho outros cuidados.
Slift, estes enforcamentos progressivos
Me divertem menos do que eu esperava.
*Ele vê o segundo detetive.*
Você achou a Joana?

O SEGUNDO DETETIVE — Não, não vi ninguém com o uniforme dos Boinas Pretas, são umas cem mil pessoas paradas no matadouro, o dia está escuro e não adianta chamar porque o vento confunde as vozes. Além disso a polícia começou a evacuar os pátios e já estão atirando.

BOCARRA —
Atirando? Em quem? Óbvio, eu sei.
É estranho, porque aqui não se ouve nada.
Em suma, ela não foi encontrada, e estão atirando?
Corra até os orelhões, chame o Jimmy e diga a ele
Que não me telefone, senão vão dizer
Que fomos nós quem mandou atirar.
*Sai o segundo detetive.*

MEYERS —
Mil e quinhentos a oitenta.

SLIFT —
A oitenta só quinhentos.

MEYERS —
Cinco mil a oitenta! Assassino!

BOCARRA *de volta à coluna* — Slift, estou me sentindo mal, ceda.

SLIFT — Nem pensar. Eles estão podendo. E se você fraqueja, Bocarra, eu subo o preço agora mesmo.

BOCARRA —

Eu preciso de ar puro, Slift, dirija
Você os negócios. Para mim não dá mais. Siga
Sempre a minha filosofia. Prefiro entregar tudo
A causar algo de irreparável. Não vá
Além de oitenta e cinco! Mas sempre
Seguindo a minha filosofia. Você me conhece.

*Ao sair ele dá com os jornalistas.*

OS JORNALISTAS — Há novidades, Bocarra?

BOCARRA *saindo* — Divulguem nos matadouros que acabo de facilitar gado às fábricas, de modo que os bois agora existem. Senão vai haver violência.

SLIFT —

Quinhentos bois a noventa.

OS PEQUENOS ESPECULADORES —

Nós ouvimos que o Bocarra
Pedia só oitenta e cinco. O Slift não tem procuração.

SLIFT —

Mentira. Vou ensinar vocês
A vender carne enlatada sem
Ter carne!
Cinco mil bois a noventa e cinco.

*Gritaria.*

## g

*Matadouros.*

*Pessoas esperando, entre as quais Joana.*

ALGUÉM — Por que a senhora está aqui?

JOANA — Eu preciso entregar uma carta. Chegarão três pessoas.
*Entra um grupo de jornalistas conduzido por um homem.*

O HOMEM *apontando para Joana* — É aquela ali. *A Joana* — Estes aqui são jornalistas.

OS JORNALISTAS — Oba, é você a Joana Dark dos Boinas Pretas?

JOANA — Não.

OS JORNALISTAS — Conforme a declaração dos escritórios Bocarra, você jurou que não sai dos matadouros enquanto as fábricas não abrirem. Leia aqui, veja que nós publicamos as suas palavras na primeira página, em manchete. *Joana vira a cara. Os jornalistas lêem em voz alta* — Joana Dark, a Virgem dos Matadouros, afirma que Deus está solidário com os trabalhadores da indústria da carne.

JOANA — Eu não disse nada disso.

OS JORNALISTAS — Para a sua informação, senhorita, saiba que a opinião pública está de seu lado. Salvo alguns especuladores inescrupulosos, a cidade de Chicago inteira está vibrando com você. O sucesso dos Boinas Pretas vai ser enorme.

JOANA — Eu não faço mais parte dos Boinas Pretas.

OS JORNALISTAS — O que é isto. Para nós a senhora estará sempre com os Boinas Pretas. Mas não se incomode conosco, ficaremos discretamente ali no fundo.

JOANA — Eu quero que vocês saiam daqui.
*Eles sentam a alguma distância.*

TRABALHADORES *atrás, nos matadouros* —
Enquanto a aflição não chegar ao máximo
Eles não abrem as fábricas.
Quando a miséria tiver crescido
Eles abrirão as fábricas.
Mas eles têm que nos dar uma resposta.
Não saiam, esperem a resposta!

CONTRACORO *também atrás* —

Errado! A miséria aumente quanto quiser:
Eles não abrem as fábricas!
Não abrem enquanto não aumentar o lucro
A resposta eles darão
Com canhões e metralhadoras.
Só nós mesmos podemos nos ajudar.
Podemos pedir ajuda
Só a nossos iguais.

JOANA *a Dona Luckerniddle* — A senhora também pensa assim?

DONA LUCKERNIDDLE — Penso. É a verdade.

JOANA —

Olho este sistema, por fora
É meu velho conhecido, o funcionamento é que eu
Não via! Alguns poucos em cima
Outros muitos embaixo, e os de cima chamando
Os de baixo: venham para o alto, para que todos
Estejamos em cima, mas olhando melhor você vê
Algo de encoberto entre os de cima e os de baixo
Algo que parece uma pinguela mas não é
E agora você vê perfeitamente
Que a tábua é uma gangorra, esse sistema todo
É uma gangorra cujas extremidades
São relativas uma à outra, os de cima
Estão lá só porque e enquanto os demais estão embaixo
E já não estariam em cima se acaso os outros
Deixando o seu lugar subissem, de sorte que
Necessariamente os de cima desejam que os de baixo
Não subam e fiquem embaixo para sempre.
É necessário também que os de baixo sejam em número
Maior que os de cima, para que estes não desçam.
Senão não seria uma gangorra.

*Os jornalistas se levantam e vão para o fundo, pois receberam uma notícia.*

UM TRABALHADOR — Você tem conversa com essa gente?

JOANA — Eu não.

O TRABALHADOR — Mas eles estavam falando com você.

JOANA — Eles me confundiram com outra pessoa.

UM VELHO — A senhora está morrendo de frio. Quer um gole de uísque? *Joana bebe.* Devagar aí! Está pensando que é água?

UMA MULHER — Pouca vergonha!

JOANA — A senhora disse alguma coisa?

A MULHER — Disse, pouca vergonha! Avançar no uísque do velho!

JOANA — A senhora devia cuidar da sua vida, em vez de dizer bobagens. E o meu cachecol, desapareceu? Mais esta agora, eles me roubaram. É o que faltava, me roubaram o cachecol! Quem pegou o meu cachecol? É favor devolver aqui. *Ela arranca o saco com que uma mulher a seu lado cobre a cabeça. A mulher se defende.* Foi a senhora, sim. Não minta, e dê aqui o saco.

A MULHER — Socorro, ela vai me matar.

UM HOMEM — Calma!
*Alguém atira um trapo a Joana.*

JOANA —

Se dependesse de vocês eu ficaria sem roupa aqui no frio.
Não fazia tanto frio no meu sonho. Quando
Vim para aqui com grandes planos fortalecida
Aliás por sonhos, eu não sonhava que aqui
Pudesse fazer tanto frio. Agora de tudo
O que mais me faz falta é só o meu cachecol.
Para vocês é fácil passar fome, vocês não têm o que comer
Mas eu tenho uma sopa me esperando.
Para vocês é fácil passar frio
Mas eu é só querer e sempre posso
Voltar para a sala aquecida

Pegar na bandeira e bater o tambor
E falar NELE que mora atrás das nuvens.
Vocês o que têm a perder? Eu perdi
Não foi só a vocação, foi o ofício
Não foram apenas hábitos educados, foi um emprego
Sofrível com casa, comida e salário.
De fato me parece quase teatro, indigno
Portanto, eu ficar aqui
Sem necessidade absoluta. Mas apesar disso
Não tenho o direito de ir embora ainda que francamente
Eu tenha a garganta apertada pelo medo
De não comer, de não dormir, de não ver saída;
Fome pura e simples, frio vulgar e
Sobretudo o desejo de sair daqui.

TRABALHADOR —
Fiquem aqui! Venha o que for
Não se dispersem!
Só ficando unidos
Vocês podem se ajudar!
O fato é que vocês foram traídos
Por todos os amigos notórios
E sindicatos que foram comprados.
Não creiam em ninguém, não creiam em nada
Mas examinem toda proposta
Que leve à transformação real. E sobretudo aprendam
Que, se não for à força, não vai
Nem vai se a força não for de vocês.

*Os jornalistas voltam.*

OS JORNALISTAS — Alô, menina, o seu sucesso é imenso: acabamos de saber que o milionário Pedro Paulo Bocarra, em cujas mãos se encontram grandes estoques de gado, resolveu facilitá-los aos matadouros, a despeito da alta dos preços. Nestas circunstâncias o trabalho dos matadouros recomeçará amanhã.

JOANA — Feliz notícia!

DONA LUCKERNIDDLE — Estas são as mentiras de que falavam os nossos. Felizmente a verdade está escrita na carta que trazemos.

JOANA —

Vocês ouviram, vai haver trabalho!
A dureza no peito deles cedeu. Pelo menos
O justo dentre eles
Não falhou. Interpelado humanamente
Ele respondeu humanamente. Existe
Portanto a bondade.
*Ao longe ouvem-se metralhadoras.*
Que ruído é este?

UM REPÓRTER — É o exército que está evacuando os matadouros, porque agora que as fábricas vão abrir é preciso calar a boca dos agitadores que estão pregando a violência.

UMA MULHER — Será que é melhor ir para casa?

UM TRABALHADOR — Como sabemos se é verdade que vai haver trabalho?

JOANA — Por que não será verdade, se estas pessoas estão dizendo? Ninguém vai brincar com uma coisa destas.

DONA LUCKERNIDDLE — Não diga bobagens, você não entende nada. De certo é porque ainda não te deixaram bastante no frio. *Ela se levanta.* Eu vou rápido até o nosso pessoal para avisar que as mentiras já chegaram. Você fica aqui com a carta e não se mexa, ouviu? *Ela sai.*

JOANA — Mas estão atirando.

UM TRABALHADOR — Pode esperar sossegada, os matadouros são grandes, o exército vai levar um tempo até chegar aqui.

JOANA — Quanta gente está nestes pátios?

OS JORNALISTAS — Devem ser cem mil.

JOANA — Tantos?

Esta é uma escola desconhecida, uma sala de aula ilegal
Toda cheia de neve onde a fome é professora e intratavelmente

Fala de necessidade a necessidade!
Cem mil alunos, qual é a lição?

TRABALHADORES *ao fundo* —
Se vocês ficarem ombro a ombro
Eles vão massacrar vocês.
O nosso conselho é ficar ombro a ombro!
Se vocês lutarem
Os tanques deles vão destroçar vocês.
O nosso conselho é lutar!
Esta luta será perdida
E talvez a próxima também
Seja perdida.
Mas vocês aprendem a luta
E ficam sabendo
Que, se não for à força, não vai
Nem vai se a força não for de vocês.

JOANA —
Alto, parem de aprender!
Estas lições são gélidas!
Combatam, sim, a desordem e a confusão
Mas não pela violência.
Embora a tentação seja forte!
Mais uma noite destas e mais uma destas
Asfixias silenciosas e mais
Ninguém saberá se conter. É certo que já vocês
Passaram muitas noites de muitos anos
Juntos aprendendo
Estas lições frias e tremendas.
É certo também que se somam
A violência à violência no escuro
E o fraco ao fraco e que os atritos sem solução
Também se somam.
Mas a mistura que ferve neste caldeirão será
Para a boca de quem?
Eu vou embora. Não pode ser bom o que se faz com violência. Meu lugar não é com eles. Se na infância a fome e o pontapé da miséria me tivessem ensinado a brutalidade eu seria um deles e não perguntaria nada. Mas como não é o caso, eu não posso

ficar. *Ela continua sentada.*

Os Jornalistas — Nós agora te aconselhamos a deixar os matadouros. O teu sucesso foi grande, mas o assunto agora está esgotado. *Saem. Uma gritaria vem avançando do fundo. Os trabalhadores se levantam.*

Um Trabalhador — Pegaram os dirigentes da greve!
*Os dois dirigentes operários passam algemados, conduzidos por detetives.*

O Trabalhador *ao dirigente algemado* — Calma, William, amanhã é outro dia.

Outro Trabalhador *depois de passado o grupo* — Gorilas!

O Trabalhador — Se eles pensam que vão impedir alguma coisa estão enganados. Já estava tudo organizado há muito tempo.
*Numa visão, Joana vê a si mesma como criminosa e estranha ao universo comum.*

Joana —

Eles me confiaram a carta, por que
Estão algemados? O que
Estará dito nesta carta? Eu não quereria fazer
Nada que tivesse de ser feito com violência
E conduzisse à violência. Tipos assim
Buscam o próximo sempre com malícia
E fora de qualquer reciprocidade normal
Entre humanos. Não sendo mais parte
De coisa alguma eles não enxergam mais saída
Neste mundo não mais familiar. O curso
Dos astros acima de sua cabeça já não seria o de sempre.
E as próprias palavras pareceriam mudadas. A inocência
Abandona quem persegue e é perseguido.
Não há mais nada que eles encarem sem pé atrás.
Eu não poderia ser assim. E por isto vou-me embora.
Durante três dias na capital das conservas no lamaçal dos matadouros
Foi vista Joana
Descendo um degrau depois do outro

Para purificar o lodo, para aparecer
Aos ínfimos. Três dias
Descendo, enfraquecendo no terceiro
E por fim desaparecendo no lamaçal. Digam dela:
O frio foi demais.
*Ela se levanta e vai embora. Neva.*

DONA LUCKERNIDDLE *voltando* — Tudo mentira! Onde está a mulher que estava sentada aqui comigo?

UMA MULHER — Foi embora.

UM TRABALHADOR — Eu sempre achei que ela ia embora quando começasse a nevar de verdade.
*Chegam três trabalhadores procurando alguém, não vendo ninguém vão embora por sua vez.*
*Enquanto escurece mostra-se um escrito:*

Cai neve em cima de neve
O que era vivo se escondeu
Ficam de fora as pedras
E quem não tem nada de seu.

h

## PEDRO PAULO BOCARRA ATRAVESSA A FRONTEIRA DA POBREZA

*Esquina de Chicago.*

BOCARRA *a um dos detetives* —
Agora chega, vamos voltar, você disse alguma coisa?
Você deu risada, não minta. Quando disse vamos
Voltar, você riu. Ouça o tiroteio.
Parece que estão resistindo, hem? Sim, eu queria
Insistir com vocês num ponto: não fiquem pensando
Nas várias meias-voltas que eu dei
Quando nos aproximávamos dos matadouros. Pensar
Não leva a nada. Não pago vocês para pensarem.
Eu tenho os meus motivos. Sou conhecido para aqueles lados.

Vocês já estão pensando outra vez. Parece
Que eu empreguei idiotas. Seja como for
Vamos voltar. Aquela que eu procurava oxalá
Tenha sido levada pela razão a sair
De lá debaixo, onde parece que de fato o inferno estourou.
*Passa um jornaleiro.*
Psiu, os jornais! Vamos ver como está o mercado da carne!
*Ele lê e fica branco como giz.*
Epa, alguma coisa ocorreu que muda tudo
Pois leio aqui preto no branco que o boi está a trinta
E que não se vende uma só cabeça
E leio aqui preto no branco também que meus amigos
Os industriais foram à ruína e saíram do mercado
E ainda que Bocarra e seu amigo Slift
Estão entre os mais arruinados de todos. Eis a situação
E assim chegamos aonde não queríamos e contudo o alívio
É geral. Já não posso ajudá-los
Pois ofereci o meu gado todo
A quem o pudesse usar
E ninguém quis, de modo que agora estou livre
E desobrigado. Assim, cruzando aqui e agora a fronteira
Da pobreza dispenso o serviço de vocês
Por não precisar mais dele.
Daqui em diante ninguém quererá me matar.

Os dois Detetives — Neste caso estamos dispensados.

Bocarra —
Estão e eu também estou e posso ir para onde quiser
Até mesmo aos matadouros.
E no que tange ao troço feito de suor e dinheiro
Que armamos nestas cidades
Vou ser sincero: é como se um cara
Tivesse levantado o maior edifício do mundo
O mais caro e prático, só que usando
Por descuido e porque o material era barato
Merda de galinha, de modo que morar ali nunca foi fácil
Cabendo ao arquiteto
A glória de haver causado um fedor também ele sem precedentes.

Alguém que escapa de uma tal morada
Só pode estar alegre.

UM DOS DETETIVES *saindo* — Esse está acabado.

BOCARRA —

A vida é um combate que os fracos abate
E que os fortes levanta a uma altura que espanta.

i

*Região deserta nos matadouros.*

*Dona Luckerniddle encontra Joana em meio à nevasca.*

DONA LUCKERNIDDLE — Até que enfim! Onde é que você vai? Você entregou a carta?

JOANA — Não. Eu vou embora daqui.

DONA LUCKERNIDDLE — Eu devia ter imaginado. Dê aqui essa carta!

JOANA — Não dou, nesta carta a senhora não põe a mão. Não adianta chegar perto. Eu sei que são incitações à violência. A senhora não vê que agora está tudo tranqüilo? Mesmo assim vocês querem agitar.

DONA LUCKERNIDDLE — Para você então está tudo tranqüilo! E eu que disse que você é honesta. Eles não iam lhe dar a carta! Mas você é uma mentirosa e o seu lugar é do lado de lá. Você é uma merda! Me dê essa carta que lhe confiaram. *Joana desaparece na nevasca.* Não fuja! Ela desapareceu.

j

*Outra região.*

*Joana, correndo em direção à cidade, ouve dois trabalhadores que passam.*

O Primeiro — Eles primeiro espalharam que o trabalho nos matadouros ia recomeçar e que ninguém seria demitido. Agora que uma parte dos operários foi para casa, para retomar o trabalho amanhã cedo, eles anunciam que os matadouros vão fechar definitivamente porque P. P. Bocarra levou todos à falência.

O Segundo — Os comunistas estavam com a razão. As massas não deviam ter se dispersado. Tanto mais que os serviços básicos de Chicago iam declarar a greve geral amanhã.

O Primeiro — Nós aqui não soubemos de nada.

O Segundo — É isto. Uma parte dos mensageiros deve ter falhado. Muita gente se soubesse teria ficado aqui. Com violência policial e tudo. *Joana, vagando, ouve vozes.*

Voz —

Não conhece desculpa
Aquele que não chega. A pedra
Não desculpa quem tombou.
E mesmo quem chegue
Poupe-nos o relato de sua dificuldade
E entregue em silêncio
A si mesmo ou aquilo de que é portador.

*Joana está parada e começa a correr noutra direção.*

Voz *Joana pára* —

Nós demos a você uma incumbência.
A nossa situação era drástica.
Não sabíamos quem você fosse
Você podia desincumbir-se ou também
Podia nos trair.
Você cumpriu a tarefa?

*Joana corre e é detida por mais outra voz.*

Voz —

Estavam à espera, era preciso chegar!

*Buscando salvar-se das vozes, Joana ouve vozes de todos os lados.*

VOZES —

Uma única malha
Basta para inutilizar uma rede:
Os peixes passam pelo furo
Como se não houvesse rede
E as outras malhas todas
Ficam sem préstimo.

VOZ DE DONA LUCKERNIDDLE —

Eu testemunhei a seu favor
Mas você não entregou a carta
Que dizia a verdade.

JOANA *cai de joelhos* —

Luminosa verdade, obscurecida em má hora por uma tempestade de neve!
E perdida de vista depois! Grande é o poder das tempestades de neve!
Ah, debilidades do corpo! A fome, o que lhe resiste?
O que sobrevive a uma noite de inverno?
Eu preciso voltar!

*Ela volta correndo.*

## 10

## PEDRO PAULO BOCARRA HUMILHA-SE E É EXALTADO

*Sede dos Boinas Pretas.*

MARTA *a um companheiro* — Há três dias esteve aqui um emissário do Rei da Carne Pedro Paulo Bocarra, dizendo que o próprio Bocarra quer pagar o nosso aluguel e também empreender juntamente conosco um grande movimento em favor dos pobres.

MULBERRY — Mr. Snyder, estamos no sábado. O senhor ou paga o aluguel, que é dos mais modestos, ou vai para a rua.

SNYDER — Mr. Mulberry, estamos esperando Mr. Bocarra, que nos prometeu apoio.

MULBERRY — Meu caro Bento, meu caro Maneco, vamos depositar esta mobília lá fora na calçada.

*Dois homens começam a descer a mobília para a rua.*

OS BOINAS PRETAS —

Ai de nós, o genuflexório na rua!
As mãos da cobiça levam
Música e púlpito embora.
Bradamos de coração:
Que venha o rico Mr. Bocarra
Salvar-nos-ia agora
Com o dinheiro dele!

SNYDER —

Há sete dias, nas fábricas onde a ferrugem avança
As massas esperam, afastadas por fim do trabalho.
Devolvidas ao ar livre reencontram a vida
Natural na chuva e na neve
Sob a determinação altíssima do inescrutável.
Meu caro Mr. Mulberry, é chegado o momento, com sopa
Quente e música elas estarão no papo. Em minha cabeça
Vejo o reino de Deus pronto e acabado.
Uma banda de música e sopas consistentes, sopas
Nutritivas, para a tranqüilidade de Deus
E a liquidação final do bolchevismo.

OS BOINAS PRETAS —

As barragens da fé já não resistem
Na cidade de Chicago
Ao mar de lama do materialismo
Que tudo cerca.
Olhai como a fé vacila, por pouco ela não naufraga!
Mas nós resistiremos, pois o rico Bocarra virá!
Ele já está a caminho com todo o dinheiro dele!

UM BOINA PRETA — Seu Major, agora aonde sentamos o nosso público?

*Chegam três pobres, entre os quais Bocarra.*

SNYDER *grita com eles* — Isto só quer sopa! Aqui não tem sopa! Aqui tem a palavra de Deus! Ouvindo isto, eles saem correndo.

BOCARRA — Aqui somos três, em busca de Deus.

SNYDER — Sentem ali e fiquem quietos.
*Os três se sentam.*

UM HOMEM *entrando* — Pedro Paulo Bocarra está?

SNYDER — Não, mas deve estar chegando.

O HOMEM — Os industriais da carne querem falar com ele, e os criadores clamam por ele. *Sai.*

BOCARRA *na frente* —
Pelo visto estão à procura do tal Bocarra.
Conheci muito: um tonto. Eles agora procuram
No inferno e no céu, embaixo e no alto, esse tal Bocarra
Que a vida inteira foi mais tonto
Que um vadio fedorento de pileque.
*Ele se levanta e se aproxima dos Boinas Pretas.*
Conheci um cara a quem pediram
Cem dólares. E ele tinha uns dez milhões.
E ele veio, não deu os cem dólares mas
Jogou fora os dez milhões
E entregou-se em pessoa.
*Ele toma dois Boinas Pretas pelo braço e vai com eles até o genuflexório.*
Eu quero me confessar.
Amigos, aqui não se ajoelhou ninguém
Tão abjeto como eu.

OS BOINAS PRETAS —
Não percais a esperança!
Não vos torneis incrédulos!
Ele com certeza virá, ele já está a caminho
Com todo o dinheiro dele.

UM BOINA PRETA —
Ele já chegou?

BOCARRA —
Amigos, vamos cantar juntos! Pois
Meu coração está leve e também pesado.

DOIS MÚSICOS —

Mais de um número nós não cantamos.

*Entoam um hino. Os Boinas Pretas acompanham distraídos, com os olhos presos na porta.*

SNYDER *curvado sobre os livros da contabilidade* —

Não queiram saber o resultado destes cálculos.
Silêncio!
Me tragam as despesas da casa e as contas
A pagar, porque é hora da verdade.

BOCARRA —

Eu me acuso de exploração
De utilização indevida da violência, de expropriação
Do próximo em nome da propriedade. Durante sete dias
Arrochei o pescoço desta cidade
Até que Chicago amanheceu morta.

OS BOINAS PRETAS —

É o Bocarra!

BOCARRA —

Mas lembro também como atenuante que no sétimo dia
Eu me desfiz de tudo de modo tal
Que agora estou aqui sem nada de meu.
Inocente não, mas arrependido.

SNYDER —

Você é o Bocarra?

BOCARRA —

Sou eu, dilacerado pelo arrependimento.

SNYDER *grita fulminado* — E sem dinheiro? *Aos Boinas Pretas* — Embrulhem as coisas. Depois disto, ficam suspensos os pagamentos.

OS MÚSICOS —

Se é este o homem de quem esperavam
O dinheiro com que iam nos pagar
Nós não temos por que estar aqui — boa-noite.

*Saem.*

CORO DOS BOINAS PRETAS *acompanhando a saída dos músicos* —

Rezando esperávamos
Bocarra o ricaço, mas quem nos entrou pela porta
Foi Bocarra o arrependido.
Este trouxe-nos
O seu coração, mas não o seu dinheiro.
Estamos emocionados
Mas com cara de tacho.

*Os Boinas Pretas cantam confusa e apressadamente os seus últimos hinos, sentados em suas últimas cadeiras e banquetas.*

Postados à margem do lago de Michigan
Só nos resta sentar no chão e chorar.
Despreguem da parede as santas palavras
E embrulhem no pano da bandeira sem glória o nosso livro de orações
Pois já não somos capazes de pagar as nossas contas
E as nevascas vão crescer para cima de nós
Neste inverno que ainda está no começo.

*Em seguida, para encerrar, cantam o "Onde é mais negra a batalha". Bocarra também canta, lendo a letra por cima do ombro de um colega.*

SNYDER —

Silêncio! E agora vamos todos saindo — *a Bocarra* — especialmente o senhor!
Onde ficaram os quarenta aluguéis dos pecadores impenitentes
Que Joana enxotou? Em troca ela converteu este aqui. Joana
Devolve-me os meus quarenta aluguéis mensais!

BOCARRA —

Pelo visto vocês pensavam levantar a sua casa
À sombra da minha. E humano lhes parece
Quem lhes serve como
Era humano para mim só
Quem eu pudesse explorar. No entanto, tampouco mudaria
Nada alguém que só considerasse como humanos
Aqueles a quem ajuda. Ele precisaria de náufragos
Para o seu negócio de salva-vidas. Enfim
Não escapamos ao ciclo das mercadorias nem dos astros.
Esta lição, Snyder, parecerá amarga a alguns.

Quanto a mim vejo que estando como estou
Não estou do agrado de vocês.

*Bocarra vai sair quando aparecem na porta os reis da carne mais brancos do que giz.*

OS INDUSTRIAIS —
Sublime Bocarra! Perdoa esta chegada importuna
Que vem interromper a complicada cisma
De tua extraordinária cabeça.
É que estamos liquidados. À nossa volta é o caos
E acima de nós altíssima a manobra inescrutável.
Qual é teu plano, Bocarra, no que se refere a nós? Quais
Serão os teus próximos passos?
Nós acusamos os teus golpes que recebemos na nuca.

*Entram os criadores muito agitados e igualmente brancos.*

OS CRIADORES —
Maldito Bocarra, aqui te escondes?
Em vez de mostrar remorso, paga o gado que nos deves.
Passa o dinheiro, a alma não! Vens aqui
Buscar alívio para a consciência que te pesa
Mas antes aliviaste o nosso bolso.
Paga o nosso gado!

GRAHAM *dá um passo à frente* —
Permite, Bocarra, a breve exposição
De um dia inteiro de batalha
Que nos precipitou a todos no abismo.

BOCARRA —
Ó, intermináveis matanças! Estamos hoje
Onde estávamos em priscas eras quando o homem
Quebrava a cabeça ao semelhante com instrumentos de ferro!

GRAHAM —
Recorda, Bocarra, que de contrato na mão
Nos forçaste a te entregar a carne
E portanto a comprá-la no exato dia
Em que só tu mesmo a tinhas para vender.
Logo que te foste ao meio-dia Slift

O teu preposto apertou mais a nossa garganta. Forçou o preço
Até que chegasse a noventa e cinco. Aí
O velho Banco Nacional resolveu intervir. Resmungando
Muito a venerável instituição foi ao Canadá buscar novilhos
Para o mercado desfalecente. Os preços estacaram nervosos.
Mas o desvairado Slift mal entreviu
Os poucos boizinhos vindos de longe os arrebatou
A noventa e cinco tal qual um bêbado
Que já bebeu um mar inteiro mas lambe sempre sedento
As gotas esparsas que ainda alcança. A venerável instituição assistia a tudo
Consternada. Naturalmente vieram em seu auxílio
Loew e Levi, Wallox e Brigham, a nata das reputações
E empenharam tudo o que tinham até o carbono e o durex
A fim de trazerem no máximo em três dias rebanhos
Da Argentina e Canadá. Implacavelmente prometiam comprar
Inclusive os não-nascidos, tudo enfim que se assemelhasse a boi
A vitelo, a porco! Slift porém urrava: "Em três dias não!
Hoje! Hoje!" e forçava o preço. E com lágrimas nos olhos
Os institutos bancários lançaram-se ao enfrentamento final.
Como tivessem que entregar tinham que comprar.
O próprio Levi em prantos avançou
Contra um empregado de Slift. Brigham arrancava
As barbas e bradava "noventa e seis". Um elefante
Que o acaso trouxesse à bolsa de valores naqueles minutos
Seria esmagado como um morango.
Os office-boys tomados de desespero mordiam-se
Uns aos outros como faziam os cavalos da Antigüidade
Enquanto pelejavam os cavaleiros.
Auxiliares não-remunerados, famosos pela displicência, neste
Dia rilhavam os dentes.
E nós outros continuávamos a comprar, porque precisávamos comprar.
Foi quando Slift pediu cem. Ouvir-se-ia
A queda de um alfinete, tal foi o silêncio.
E sem emitir um suspiro expiraram os institutos bancários
Outrora grandes e sólidos, agora desfeitos como um champignon pisado
Cessando a respiração bem como os pagamentos. Em voz inaudível

Que todos ouviram perfeitamente o venerável Levi decretou: "Agora
Os matadouros são seus porque nós não podemos cumprir
Os contratos", e em conseqüência os industriais
Um depois do outro e furiosos
Depuseram os seus matadouros paralisados e inúteis
A vossos pés, teus e de Slift, e saíam pelos fundos
Enquanto corretores e representantes fechavam as suas pastas.
Arquejando, por fim liberta, naquele momento
Em que contrato algum mais obrigava à sua compra
A carne bovina entrou para o insondável.
Isto porque os preços despencavam de cotação em cotação
Como as águas precipitadas de penha em penha mergulham
Em busca do fundo do abismo. Vieram parar em trinta.
E assim, Bocarra, o teu contrato ficou sem valor.
Em lugar de nos apertar a garganta nos estrangulaste.
De que serve apertar a garganta a um morto?

BOCARRA —
Muito bonito, Slift, esta foi a batalha
Que você conduziu?

SLIFT —
Corte a minha cabeça.

BOCARRA —
De que serve a tua cabeça?
O chapéu sim, vale cinco centavos!
Que fazer
Com tantos bois que ninguém é obrigado a comprar?

OS CRIADORES —
Não vamos ficar nervosos
Mas pedimos a você que nos diga
Se, quando e como pretende
Pagar os bois que embora comprados
Você nunca pagou.

BOCARRA —
Pago imediatamente. Com este chapéu e uma botina.

Dou o chapéu por dez milhões e esta botina por cinco.
A outra não, porque estou usando. Estão satisfeitos?

OS CRIADORES —
Tristes de nós, muitas luas passaram desde o dia
Em que no longínquo Missouri laçamos
Para levar à estação de trem
A esperta vitela e o limpo boizinho
Engordados com amor.
E enquanto o trem apitava
A família toda junta ria e chorava
Corria atrás do trem e rogava:
Meninos, não vão torrar o dinheiro e rezem a Deus
Para que o preço da carne suba!
E agora que fazer? Como
Voltamos para casa? Que dizer
Se a mão e o bolso estão vazios?
Como voltar desse jeito, Bocarra?

O HOMEM DE ANTES *entrando* — O Bocarra está? Chegou uma carta de Nova York.

BOCARRA — O Bocarra a quem estas cartas se destinavam era eu. *Abre o envelope e afasta-se para ler.* "Recentemente, querido Pedro Paulo, te aconselhamos a comprar carne. Hoje, pelo contrário, te aconselhamos a fazer um acordo com os criadores, para limitar o número de cabeças disponíveis, a fim de que o preço se recupere. Dentro deste espírito, estamos à tua disposição para o que for necessário. Mais notícias amanhã, caro Pedro Paulo. Os teus amigos de Nova York". Não, não, assim não dá.

GRAHAM — Não dá o quê?

BOCARRA — Os meus amigos de Nova York parecem saber uma saída. Mas a saída não me parece praticável. Julguem vocês mesmos. *Ele passa a carta aos outros.*
Que diferença em tudo
Tão de repente. Amigos, basta de perseguição!
A vossa riqueza se foi, compreendam, ela está perdida:
Não porque agora nos falte a bênção do patrimônio

Material — esta não pode mesmo ser para todos —
Mas sim porque não somos capazes de elevação.
É isto que nos faz pobres!

MEYERS —
Quem são estes amigos de Nova York?

BOCARRA —
Horgan & Blackwell. Sell...

GRAHAM —
Mas então é Wall Street?
*Passa um murmúrio pelos presentes.*

BOCARRA —
A opressão que pesa sobre a nossa vida interior...

OS INDUSTRIAIS E OS CRIADORES —
Desce, ó sublime Bocarra, das alturas
De tua cogitação e junta-te a nós. Considera o caos
Que tudo quer submergir e uma vez mais, ó Bocarra
Atendendo à nossa convocação coloca
Sobre os ombros o jugo da responsabilidade!

BOCARRA —
Não é por gosto que aceito.
Nem ouso fazê-lo sozinho. Porque ainda estão em meus ouvidos
O grito dos matadouros e as rajadas da metralha. Aceito
Mas somente se for clara a aclamação e em grande estilo
E se a minha liderança for concebida como indispensável
Ao bem comum. Entendida assim
Ela talvez seja viável.
*A Snyder* — Existem muitos comércios bíblicos como este?

SNYDER — Uma porção.

BOCARRA —
E a situação deles qual é?

SNYDER — Precária.

BOCARRA —

A situação é precária mas os comércios são muitos.
Diga aqui, se acaso nós apoiássemos o vosso negócio
Em larga escala e vocês dispusessem de sopa e música
E folhetos religiosos apropriados e até de teto em último caso
Os Boinas Pretas saberiam advogar a nossa causa
E espalhar por toda parte que nós somos gente de bem?
Gente que planeja o bem comum em tempos difíceis? Porque o fato é
Que só medidas extremas drásticas em aparência
Pois atingirão alguns até bastante numerosos
Para não dizer a maioria e quase todos
Garantem nesta altura o sistema
De compra e venda que afinal de contas é o nosso
E que tem também os seus lados sombrios.

SNYDER —

Quase todos, eu estou entendendo. Saberíamos advogar a causa sim senhor.

BOCARRA *aos industriais* —

Ficam reunidos os vossos matadouros
Num cartel e fico eu
Com a metade das ações.

OS INDUSTRIAIS — Uma grande cabeça!

BOCARRA *aos criadores* —

Meus caros amigos!
*Murmúrios.*
A dificuldade que nos abatia cedeu.
Miséria e fome, excessos cometidos e violência
Têm causa e a causa está clara:
Havia carne sobrando. Este ano
O mercado da carne entupiu de modo que o preço
Do boi desceu a nada. Pois bem, para sustentá-lo
Nós, o industrial e o criador, resolvemos de comum acordo:
Dar um basta à criação desenfreada
Limitar o número das cabeças admitidas ao mercado
E excluir dentre as existentes as que forem demais
Isto é, queimar um terço dos rebanhos existentes.

TODOS — Uma solução simples!

SNYDER *pedindo a palavra* —
Não seria ainda mais simples dar de presente aos que estão de fora,
E são muitos, este gado numeroso que não vale nada
E que por isto vamos queimar no fogo?
Eles saberiam usá-lo.

BOCARRA *sorri* —
Estimado Mister Snyder, o senhor não percebeu
O essencial da situação. Os muitos
Que estão lá fora SÃO ELES OS NOSSOS COMPRADORES!
*Aos outros* —
Parece inverossímil, não é?
*Sorrisos gerais.*
Muitos dirão que eles são vulgares e mesmo supérfluos
E às vezes incômodos, mas o olhar experiente
Não se engana e sabe que o comprador SÃO ELES!
Analogamente, e muitos não entenderão, é necessário
Dispensar um terço dos trabalhadores, pois
O mercado de trabalho também se abarrotou
E a mão-de-obra tem que estar sob controle.

TODOS — A única saída!

BOCARRA — E será necessário baixar os salários!

TODOS — O ovo de Colombo!

BOCARRA —
Tudo isto é feito
Nesse tempo turvo de caos cruento
E humanidade desfigurada
Quando a agitação nas capitais já não pára de engrossar
E a boataria de greve geral retoma em Chicago
Tudo isto é feito, dizíamos, para que o povo
Em sua miopia e brutalidade não destrua
As próprias ferramentas nem pise o seu pão
E para que voltem a ordem e a tranqüilidade. Por isto daremos

Dotação abundante a nossos amigos Boinas Pretas, a verba indispensável
Ao vosso trabalho em prol do progresso.
Naturalmente as vossas fileiras deverão incluir pessoas
Tais como aquela Joana cuja simples presença
É uma promessa de concórdia.

Um Corretor *entra correndo* — Boas notícias! Foi desbaratada a greve geral que estava iminente. E estão na cadeia os criminosos que trabalhavam contra a ordem e a tranqüilidade.

Slift —
Respirem, senhores, está salvo o mercado!
O impasse fatal já foi contornado.
O exato equilíbrio logrou-se outra vez
E o nosso mundo é nosso, não é de quem o fez.

*Órgão.*

Bocarra —
E agora abri as vossas portas
Aos cansados e sofridos e enchei de sopa as panelas
E que venha a música! Nós mesmos
Sentaremos nos vossos bancos bem à frente
E nos converteremos à vista de todos.

Snyder — Abram as portas!
*As portas são abertas.*

Os Boinas Pretas *cantam olhando para a porta* —
Preparem a rede: eles vão chegar!
A casa que tinham deixou de ser deles!
É Deus quem os molha!
É Deus quem os gela!
Eles vão chegar! Preparem a rede!
Bem-vindos! Bem-vindos! Bem-vindos!
Bem-vindos embaixo entre nós!

Preparem a tranca, e não escapa ninguém!
Eles vão descer direto para cá!
Se estiverem desempregados

Surdos e cegados
Não escapa ninguém, preparem a tranca!
Bem-vindos! Bem-vindos! Bem-vindos!
Bem-vindos embaixo entre nós!

Tudo que vier é peixe! Tudo que vier é lucro!
Cabeça, boné, camisa, e o toco de charuto!
Este sapato é um milagre!
Choro de pobre é vinagre!
Tudo que vier é lucro! Tudo que vier é peixe!
Bem-vindos! Bem-vindos! Bem-vindos!
Bem-vindos embaixo entre nós!

Nós, aqui, a postos! Eles, ali, chegando!
Olhem como a miséria acossa os pobres!
Olhem como ela os empurra para baixo!
Olhem como eles despencam
Aqui para baixo onde não há saída e a postos estamos: nós!
Bem-vindos! Bem-vindos! Bem-vindos!
Bem-vindos embaixo entre nós!

## 11

### a

*Nos matadouros. Os depósitos das Indústrias Graham.*

*Os pátios já estão quase vazios. De raro em raro passam grupos de trabalhadores.*

JOANA *chega e pergunta* — Alguém aqui viu três homens à procura de uma carta?

*Gritaria ao fundo, que vem avançando. Entram cinco homens cercados de tropa: os dois trabalhadores do comando da greve e os três da central elétrica. Um dos homens do comando pára e começa a falar aos soldados.*

O DIRIGENTE — Vocês nos levam para a cadeia, mas fiquem sabendo que foi para ajudar gente igual a vocês que fizemos o que fizemos.

UM SOLDADO — Então continua andando, que você ajuda a gente mais ainda.

O DIRIGENTE — Esperem um pouco!

O SOLDADO — Está com medo?

O DIRIGENTE — Pode ser, mas não é por isso que estou falando. Eu quero que vocês entendam por que nos prenderam. Ouçam, porque vocês não sabem.

OS SOLDADOS *rindo* — Está bem, diga por que nós te prendemos.

O DIRIGENTE — Vocês não têm propriedade, mas ajudam os que têm. Por quê? Porquê ainda não enxergaram a maneira de ajudar os expropriados como vocês mesmos.

O SOLDADO — Muito bem, e agora vamos continuar.

O DIRIGENTE — Esperem! Eu não terminei a frase: mas nesta cidade os trabalhadores que têm emprego já começaram a ajudar os trabalhadores desempregados. Portanto a maneira de ajudar os expropriados está ficando clara. Pensem nisto.

O SOLDADO — Você está querendo que a gente te solte?

O DIRIGENTE — Você não me entendeu? Entenda que também a hora de vocês está chegando.

O SOLDADO — Vamos continuar?

O DIRIGENTE — Vamos, vamos continuar.
*Èles continuam. Joana pára e acompanha os presos com os olhos. Ela ouve a conversa de duas pessoas a seu lado.*

UM — Que gente é esta?

O OUTRO —
Nenhum destes
Cuidou só de si

Passaram tormentos
Para dar pão a desconhecidos.

O Primeiro — Por que tormentos?

O Outro —
O injusto anda calmamente na rua mas
O justo se esconde.

O Primeiro — Qual é o futuro deles?

O Outro —
Embora
Trabalhem por salários pequenos e sejam úteis a muitos
Nenhum deles vive até o fim os seus anos
Nem come o seu pão, nem morre satisfeito
Nem se enterra com as honras devidas, mas
Acabam antes do tempo natural e são
Liquidados e esfrangalhados e insultados
No seu enterro.

O Primeiro — Por que não se ouve falar neles?

O Outro —
Quando você lê nos jornais que um bando de criminosos foi fuzilado
Ou recolhido à penitenciária, são eles.

O Primeiro — Isto continuará sempre assim?

O Outro —
Não.

*Quando Joana faz meia volta é abordada pelos jornalistas.*

Os Jornalistas — Esta não é a Nossa Senhora dos Matadouros? Olá! Você sabe que deu tudo para trás? A greve geral falhou. Os matadouros vão reabrir, mas vão empregar só dois terços dos trabalhadores, e só com dois terços do salário. Mas a carne vai subir.

Joana — Os trabalhadores concordaram?

OS JORNALISTAS — Que dúvida! Só uma parte deles soube dos preparativos de greve geral, e esta parte a polícia enxotou à força.

*Joana vem abaixo.*

## b

*Diante dos depósitos das Indústrias Graham.*

*Um grupo de trabalhadores com lanternas.*

OS TRABALHADORES — Deve estar caída por aqui. Ela vinha dali e nós estávamos lá atrás. Quando nos viu ela começou a gritar que a greve dos serviços públicos ia sair. A nevasca não deixou talvez que ela percebesse os soldados. Um deles foi para cima dela a coronhadas. Foi um instante, mas eu vi bem o rosto dela. Olhe ela caída ali! Precisava ter mais mulheres assim. Não, esta aqui não é ela, não. Era uma velha, uma trabalhadora. Esta aqui não é nossa. Deixem ela aí, que depois os soldados vêm e levam embora.

# 12

# MORTE E CANONIZAÇÃO DA SANTA JOANA DOS MATADOUROS

*A casa dos Boinas Pretas agora está ricamente equipada. Em cena grupos organizados: os Boinas Pretas, com bandeiras novas, os carniceiros (industriais), os criadores e os corretores.*

SNYDER —

Custou, mas nós conseguimos
Deus voltou a ter vigência
Tanto andamos pelos cimos
Quanto andamos na falência.
Nas alturas e na baixa
Vocês sabem quem servimos:
Sete vivas sem problema
Triunfou o nosso esquema!

OS POLICIAIS —

Aqui está uma desabrigada
Que recolhemos nos matadouros
Em estado febril. O seu endereço anterior
Parece que era aqui.

JOANA *erguendo a carta, como se ainda a quisesse entregar* —

Nunca mais o desaparecido vai abrir
Minha carta
Um pequeno serviço a uma boa causa, um só
Que me pediram numa vida inteira!
E eu não soube prestá-lo.

*Enquanto os pobres se sentam nos bancos para receber sopa, Slift confabula com os carniceiros e com Snyder.*

SLIFT — Esta é a nossa Joana. Ela veio na hora certa. Vamos fazer dela a nossa vedete, pois foi graças a ela que nós conseguimos sobrenadar nestas semanas difíceis: graças à simpatia humana de sua presença nos matadouros, graças à sua intervenção em favor dos pobres e graças também aos discursos que ela fez contra nós. Ela será a nossa Santa Joana dos Matadouros. Vamos fazer dela uma santa credora de todas as atenções. Será a prova cabal de que a humanidade é tida em alta estima entre nós, contrariamente ao que se diz.

BOCARRA —

Que não falte em nosso meio
Da pureza o ingênuo rosto
Da criança a linda voz
Dizem mal de quem merece
Cantam cânticos por nós.

SNYDER —

Levanta-te, Joana dos Matadouros
Protetora dos pobres
Consoladora dos caídos.

JOANA —

Como venta aqui embaixo! Que gritos são estes

Que a neve abafa?
Tomem a sopa, vocês aí!
Não esperdicem o calor, vocês
Que nem para explorados mais servem! Tomem a sopa!
Melhor fora
Uma vida inexpressiva
Mas tendo entregue a carta que estava a meus cuidados.

OS BOINAS PRETAS *em direção a Joana* —
Pobre santa, está confusa.
Foi humano o que fizeste!
Que dor no teu rosto, Joana!
Se traíste, foste humana!

JOANA *enquanto os companheiros a vestem outra vez com o uniforme dos Boinas Pretas* —
O barulho das máquinas está de volta, basta ouvir.
Perdida
Outra crise.
A vida
Retoma o curso antigo, sem mudar.
Quando parecia possível transformá-la
Não compareci; quando foi necessário
Que eu simples pessoa ajudasse
Faltei.

BOCARRA —
Grande e eterno
Insatisfeito
No planeta muito estreito
O homem sonha com deixar
O dia-a-dia
Esta agonia
Para se alçar
A alturas máximas
Onde é uma glória acabar.

JOANA —
Tomei a palavra em fábricas e praças
E meus sonhos não foram poucos, porém

Causei desgraça aos desgraçados
E trouxe alívio aos exploradores.

Os Boinas Pretas —
Tudo é triste e inacabado
Sem o sopro da harmonia
Que os contrários concilia.

Os Carniceiros —
Mas é lindo e inusitado
Quando estão do mesmo lado
O plutocrata e a poesia!

Joana —
Mas aprendi e sei uma coisa que não quero levar comigo
Agora que estou morrendo:
Que conversa é esta de que vocês têm algo de interior
Que não sai para fora? Vocês sabem O QUE, se o que sabem
Não tem conseqüência?
Eu por exemplo não fiz nada.
Pois nada seja dito bom, por melhor que impressione, salvo
O que ajuda de fato, e nada seja estimável salvo
O que transforma para sempre este mundo, que está precisado.
Eu fui providencial para os opressores!
Ah, bondade sem efeito! Intenções impalpáveis!
Eu não transformei nada.
Deixando infrutífera e rapidamente este mundo
Eu lhes digo:
Atenção para que deixando o mundo por sua vez
Vocês não só tenham sido bons como estejam
Deixando um mundo bom!

Graham — Vai ser necessário cortar as falas que não tiverem sentido.
Não esquecer que ela esteve nos matadouros.

Joana —
Porque a distância entre em cima e embaixo é maior
Que entre o mar e o pico do Himalaia.
E o que acontece nas alturas
Embaixo não se sabe

E vice-versa
E no alto e embaixo são duas línguas
E a medida usada não é a mesma.
E a despeito de o semblante humano ser em comum
Os humanos se desconhecem.

OS CARNICEIROS E CRIADORES *falando alto para que as palavras de Joana não sejam ouvidas* —
Não se eleva algo alto
Sem embaixo e sem em cima
Quem aprende esta lição
Cria amor à disciplina
Segue sempre dando o máximo
Onde manda o seu destino
Humilde nota capital
Na concórdia universal.
O de baixo é bom embaixo
O ricaço ajuda em cima
Ai porém de quem soltasse
A insubstituível
Porém horrível
A indispensável
Porém insaciável
Gente da última classe.

JOANA —
Os de baixo estão presos embaixo
Para que os de cima permaneçam em cima
E a baixeza destes é sem limite
E ainda que eles melhorassem não melhorava
Nada, porque é sem paralelo
O sistema que organizaram:
Exploração e desordem, bestial e portanto
Incompreensível.

OS BOINAS PRETAS *a Joana* —
Seja santa! Cale a boca!

OS CARNICEIROS —
Quem flutua nos espaços
Como pode ir ao alto?

Alto sobe só quem calca
Para baixo o seu vizinho
Alçando-se assim ao sublime.

Bocarra — Agindo, ai de ti, o mal tu praticas.

Boinas Pretas —
Calca o tacão, embora chorando.

Carniceiros —
Mas não tentes descalçá-lo
Já que adiante vais usá-lo.

Boinas Pretas —
E olho sempre no ideal
Entre crises de remorso!

Os Carniceiros —
Ousa tudo!

Boinas Pretas —
Tudo
Porém dividida
Espectadora
Autonegadora
E arrependida.
E, atenção, os ativos
Não menosprezar
Os serviços incontáveis
Da moeda por excelência
Nas trocas inconfessáveis
Dos desvãos da consciência
A tão antiga e tão menina
E sempre dinâmica
Palavra divina.

Joana —
Por isto se alguém aqui embaixo diz que Deus existe
Embora não esteja à vista
E que invisível é que ele ajuda
Deviam bater na calçada a cabeça desse alguém
Até matar.

SLIFT — Vocês aí, digam alguma coisa para cortar a palavra da menina. Falem, o que for, mas falem alto!

SNYDER — Joana Dark, vinte e cinco anos de idade, derrubada pela pneumonia ao defender a palavra de Deus nos matadouros de Chicago, combatente e mártir!

JOANA —

E quanto aos que mandam elevar o espírito acima do charco
Mas não o corpo, também lhes deviam bater
A cabeça na calçada. Porque
Só a força resolve onde impera a força
E onde há humanos só os humanos resolvem.

TODOS *cantam a primeira estrofe do coral para abafar os discursos de Joana* —

Garante a riqueza ao rico! Hosana!
Proclama a virtude dele! Hosana!
Dá tudo a quem tem demais! Hosana!
Dá-lhe o gozo e o governo ! Hosana!
Enaltece o nome dele! Hosana!

*Durante as recitações os alto-falantes começam a divulgar notícias catastróficas.*

"QUEDA DA LIBRA! PELA PRIMEIRA VEZ EM TREZENTOS ANOS O BANCO DA INGLATERRA NÃO ABRE AS PORTAS!" E
"OITO MILHÕES DE DESEMPREGADOS NOS ESTADOS UNIDOS!" E
"SUCESSO DO PLANO QÜINQÜENAL!" E
"O BRASIL QUEIMA A COLHEITA DE UM ANO DE CAFÉ!" E
"SEIS MILHÕES DE DESEMPREGADOS NA ALEMANHA!" E
"FALÊNCIA DE TRÊS MIL INSTITUIÇÕES BANCÁRIAS NOS ESTADOS UNIDOS!" E
"A BOLSA E OS BANCOS SÃO FECHADOS NA ALEMANHA POR RAZÕES DE ESTADO!" E
"BATALHA CAMPAL ENTRE DESEMPREGADOS E POLÍCIA DIANTE DAS USINAS FORD EM DETROIT!" E
"QUEBRA DO MAIOR TRUSTE DA EUROPA, O TRUSTE DOS FÓSFOROS!" E
"O PLANO QÜINQÜENAL CUMPRIDO EM QUATRO ANOS!"

*Sob o impacto de tais notícias os que no momento não estejam recitando passam a insultar-se reciprocamente —*

"Carniceiros infelizes, as suas matanças passaram da conta!" e "Criadores de merda, vocês deviam ter criado mais!" e "Piranhas alucinadas, se vocês não pagam salários quem vai comer a nossa carne?" e "Os atravessadores são os culpados do preço da carne!" e "Quem encarece a carne é a gangue do cereal!" e "O preço do transporte ferroviário nos estrangula!" e "O juro bancário é a nossa ruína!" e "Os aluguéis dos silos e das pastagens estão proibitivos!" e "Por que vocês não limitam a produção?" e "São vocês que não limitaram!" e "A culpa é inteiramente sua!" e "Enquanto não derem cabo de vocês as coisas não melhoram!" e "Faz muito tempo que você devia estar na cadeia!" e "Como é que você ainda está solto na rua?".

TODOS *cantam a segunda e terceira estrofes do coral, a voz de Joana já desapareceu —*

Compadece-te do rico, Hosana!
A lágrima dele enxuga, Hosana!
Teu perdão e tua ajuda, Hosana!
Oferece aos poderosos, Hosana!
Ao saciado o teu consolo, Hosana!

*Vê-se que Joana pára de falar.*

Serve a classe que te ajuda, Hosana!
Com recursos generosos, Hosana!
Estraçalha os odientos, Hosana!
Ri com os ricos e deixa, Hosana!
Que dêem certo os golpes deles, Hosana!

*Durante a cena as companheiras tentam dar sopa a Joana. Esta recusa duas vezes. Na terceira, aceita o prato para derramá-lo acintosamente. Em seguida desfalece nos braços das moças, mortalmente ferida, sem dar sinal de vida. Snyder e Bocarra se aproximam.*

BOCARRA — Ponham a bandeira nas mãos dela!
*Passam a bandeira a Joana e a bandeira cai.*

SNYDER — Joana Dark, vinte e cinco anos de idade, morta de pneumonia a serviço de Deus nos matadouros, combatente e mártir.

Bocarra —
O que é puro
E é sem jaça
Incorrupto e devotado
Move o vulgo
E pede ao peito extasiado
Uma alma outra, sem trapaça!

*Um longo silêncio comovido. A um sinal de Snyder todas as bandeiras são pousadas sobre Joana, até que ela fique inteiramente coberta. A cena é iluminada por luz rósea.*

Os Carniceiros e Criadores —
Vede, o homem desde o berço
Traz no peito uma ansiedade
Pelas zonas siderais
Em que sente a liberdade.
Mas se é certo que as estrelas
Dão notícia do insondável
Sabe o triste que é mentira:
A carne é baixa e miserável.

Bocarra —
Ah, meu pobre peito inquieto
É rasgado em duas ânsias
Como que por um punhal.
Quero a zona sideral
Da total abnegação
Mas a outra ânsia puxa
Pela fibra comercial.

Todos —
Homem, duas almas lutam
E disputam em teu peito!
Não te ponhas a escolher
Uma e outra são teu ser.
Vive sempre dividido!
Você é o uno repartido!
E seja a pura, seja a horrível
Seja a grossa ou a sofrível
São almas tuas as duas.

# A exceção e a regra

Peça didática

Die Ausnahme und die Regel
Lehrstück

Escrita em 1929/30
Estréia: 1.5.1938 em Girat Chaim
Palestina (em hebraico)
30.9.1956 em Düsseldorf (em alemão)

*Tradução*: Geir Campos

Colaboradores: E. Burri, E. Hamptmann

## PERSONAGENS

COMERCIANTE
GUIA
CULE
DOIS POLICIAIS
Estalajadeiro
JUIZ
MULHER DO CULE
CHEFE DA SEGUNDA CARAVANA
DOIS JUÍZES ADJUNTOS

## OS ATORES

Agora vamos contar
A história de uma viagem
Feita por dois explorados e por um explorador.
Vejam bem o procedimento desta gente:
Estranhável, conquanto não pareça estranho
Difícil de explicar, embora tão comum
Difícil de entender, embora seja a regra.
Até o mínimo gesto, simples na aparência,
Olhem desconfiados! Perguntem
Se é necessário, a começar do mais comum!
E, por favor, não achem natural
O que acontece e torna a acontecer
Não se deve dizer que nada é natural!
Numa época de confusão e sangue,
Desordem ordenada, arbítrio de propósito,
Humanidade desumanizada
Para que imutável não se considere
Nada.

1

## CORRIDA NO DESERTO

*Uma pequena expedição cruza apressadamente o deserto.*

COMERCIANTE *a seus dois acompanhantes, o Guia e o Cule que vai levando as bagagens* — Depressa, seus moleirões! Precisamos chegar ao posto de Han dentro de dois dias, pois temos de levar um dia de vantagem, custe o que custar. *Ao público* — Eu sou o comerciante Karl Langmann e vou de viagem para a cidade de Urga, onde espero fechar o negócio de uma concessão. Meus concorrentes vêm aí atrás de mim. O negócio é de quem chegar primeiro. Graças à minha esperteza, e à minha disposição para vencer quaisquer dificuldades, e à dureza com que sempre tratei todo o meu pessoal, até aqui a viagem foi feita quase que na metade do tempo que costuma levar. Por azar meus concorrentes parecem ter alcançado também uma rapidez igual. *Olha para trás, com o binóculo.* Lá vêm eles de novo, vejam só: sempre nos meus calcanhares! *Ao Guia* — Por que você não dá em cima desse cule? Foi para isso que contratei você! Mas, pelo visto, o que querem fazer é turismo às minhas custas. Você nem faz idéia do quanto custa uma viagem destas: porque o dinheiro não é de vocês! Se vai continuar me sabotando, eu faço queixa de você na Agência, assim que chegarmos em Urga!

GUIA *ao Cule* — Veja se pode apertar mais o passo!

COMERCIANTE — Sua garganta não dá o tom certo: nunca há de ser um guia de verdade. Eu devia ter chamado um mais caro. Os outros estão cada vez mais perto. Bata nesse rapaz, para ele andar! Vamos, que está esperando? Eu não sou favorável à pancada, mas agora só batendo! Se eu não chego primeiro, estou falido! Para o transporte da minha bagagem, você foi chamar logo o seu irmão. Foi ou não foi? Confesse! Não bate nele porque é seu parente. Eu sei muito bem como vocês são: não é que lhe falte brutalidade. Ou você bate nele ou está despedido! Depois pode ir queixar-se na Justiça por causa do salário. Meu Deus do céu, eles estão nos alcançando!

CULE *ao Guia* — Pode bater em mim, mas não com muita força, pois se ainda temos de andar até o posto de Han, não posso gastar minhas energias todas de uma vez só.

*O Guia bate no Cule.*

GRITOS *vindos de trás* — Ei, pessoal! Este caminho é o que vai dar em Urga? Somos de paz! Esperem por nós!

COMERCIANTE *não responde e não olha para trás* — Diabos os levem! Vamos em frente! Há três dias que eu venho forçando o meu pessoal a andar: dois dias com insultos, um dia com promessas. O resto a gente vê depois, em Urga. E os concorrentes sempre nos meus calcanhares, mas na segunda noite andamos sem parar, nem para tomar fôlego, e consegui escapar da vista deles, para no terceiro dia chegar ao posto de Han, um dia na frente de qualquer outro. *Canta* —

Como eu não dormi no ponto, levei vantagem.
Como eu não desanimei, vim mais ligeiro.
Para trás ficam os fracos, o forte chega primeiro.

## 2

## FIM DA BATIDÍSSIMA ESTRADA

COMERCIANTE *ante o posto de Han* — Aqui está o posto de Han. Cheguei um dia na frente de qualquer outro, graças a Deus. Meus homens estão exaustos e, além de tudo, amoladíssimos comigo. Não sabem dar valor a um recorde batido. Não são de luta, não são de nada: é uma corja da mais baixa qualidade, que anda de rastos. É claro que não ousam dizer nada, porque, graças a Deus, a polícia está aí para manter a ordem.

DOIS POLICIAIS *aproximando-se* — Tudo bem, cavalheiro? Tudo em ordem? Então, gostou da estrada? Seu pessoal trabalhou direitinho?

COMERCIANTE — Tudo bem, tudo em ordem. Até aqui fiz a viagem em três dias em vez de quatro. A estrada é uma porcaria, mas eu costumo levar a bom termo todos os meus empreendimentos. E do posto em diante, como está a estrada? Qual é a próxima etapa?

DOIS POLICIAIS — Agora, meu senhor, vem o deserto de Jahi, inteiramente desabitado.

COMERCIANTE — E uma escolta policial, não se pode arranjar?

DOIS POLICIAIS *seguindo adiante* — Não, meu senhor. A última patrulha que o senhor poderia encontrar somos nós, meu senhor.

## 3

## DISPENSA DO GUIA NO POSTO DE HAN

GUIA — Depois daquela conversa com os policiais, na estrada em frente ao posto, nosso comerciante está muito mudado. O tom em que ele nos fala é outro, bem diferente: quase amistoso. Isso nada tem a ver com o ritmo da viagem, porque para este posto, que é o último antes do deserto de Jahí, ele também não programou nem um dia de descanso. Não sei o jeito que vou dar para ir tocando esse carregador até Urga, exausto como ele está. Em tudo por tudo me deixa muito preocupado essa atitude amistosa do comerciante: receio que ele esteja planejando alguma coisa contra nós. Ele anda de um lado para outro mergulhado em seus pensamentos: quanto mais pensamentos, mais patifarias. Esteja ele tramando o que estiver, quem tem que agüentar somos eu e o carregador, senão ele não paga o que nos deve ou manda-nos embora no meio do deserto.

COMERCIANTE *aproximando-se* — Não quer um pouco de fumo? E papel de cigarro, tem aqui. Por uma tragadinha de fumaça vocês seriam capazes de entrar no fogo. Não sei o que vocês seriam capazes de aprontar para conseguir enfiar essa fumaça pela goela. Graças a Deus temos o suficiente conosco. Nosso fumo dá para ir três vezes até Urga.

GUIA *de si para si, aceitando o fumo* — Nosso fumo!

COMERCIANTE — Vamos sentar-nos um pouquinho, amigo. Por que não se senta? Uma viagem como esta acaba criando uma ligação humana entre as pessoas. Mas, se não quer, pode ficar em pé, naturalmente. Vocês também têm lá os seus costumes. Não é de hábito eu me sentar com você, nem você com um carregador: é sobre tais diferenças que o mundo está edificado. Mas nós podemos fumar juntos, não? *Ri.* Isso é uma coisa que eu aprecio em você. É também uma forma de dignidade. Então pode ir arrumando a bagagem. E não se esqueça da água. Neste deserto parece que há poucos poços. Além do mais, meu amigo, eu queria lhe dar mais um aviso: reparou bem no olhar daquele carregador, quando você deu um pouco mais duro nele? Ele tinha nos olhos qualquer coisa que não me pareceu de bom sinal. E nos próximos dias você ainda vai ter que dar mais duro nele, pois é possível que ainda precisemos apertar mais o passo. E ele é mesmo um grande preguiçoso. A região em que vamos entrar agora é inteiramente desabitada: aí talvez ele queira mostrar a verdadeira face. Você, que é um homem de melhores qualidades, naturalmente ganha um pouco mais e não precisa ir carregando nada: razão bastante para ele odiar você. É bom ficar um pouco longe dele. *Por uma porta aberta, o Guia passa para o pátio ao lado. O Comerciante fica sentado sozinho.* Essa gente é engraçada!

*Ali perto, o Guia vigia o Cule que está arrumando a bagagem. Depois, senta-se e fuma. O Cule, ao terminar, senta-se também, aceita fumo e papel que o outro lhe oferece, e começam os dois a conversar.*

CULE — O comerciante sempre diz que tirar petróleo da terra é um serviço que se presta à humanidade: quando o petróleo é tirado da terra, abrem-se estradas de ferro e o bem-estar é geral. Diz o comerciante que aqui vai ter estrada de ferro. E eu, então, como é que vou ganhar a vida?

GUIA — Pode ficar descansado. Não vai haver estrada de ferro aqui tão cedo. Ouvi dizer que o petróleo, se uma pessoa descobre, logo aparece outra pessoa e esconde: quem tapa um furo de onde sai petróleo recebe um dinheirão para guardar segredo. E é por isto que o nosso comerciante está com tanta pressa: o que ele quer mesmo não é o petróleo, é o dinheiro para guardar segredo.

Cule — Não compreendo.

Guia — Ninguém compreende.

Cule — O caminho, agora pelo deserto, vai ser pior do que foi até aqui. Minha esperança é que meus pés agüentem.

Guia — Naturalmente, vão agüentar.

Cule — Não há assaltantes pelas redondezas?

Guia — Só no primeiro dia de viagem, que vai ser hoje, precisamos ir de olhos bem abertos: nas vizinhanças do posto, juntam-se marginais de todo tipo.

Cule — E depois?

Guia — Quando deixarmos para trás o rio Mir, é só seguirmos a linha dos poços de água.

Cule — E o caminho, você sabe?

Guia — Sei.

*O Comerciante, ouvindo rumor de vozes, põe-se atrás da porta, à escuta.*

Cule — O rio Mir é difícil de atravessar?

Guia — Nesta época do ano, em geral, não. Mas quando há uma enchente, a correnteza fica muito forte, e há perigo de vida.

Comerciante — Com o carregador, ele conversa. Com ele, ele se senta! Com ele, ele fuma!

Cule — E aí, então, como é que a gente faz?

Guia — A gente às vezes tem que esperar oito dias até poder atravessar para a outra margem sem nenhum risco.

Comerciante — Vejam só! Ele ainda está dando conselho ao outro para não se apressar e cuidar bem da preciosa vidinha! Aí está um sujeito perigoso: vai acabar tomando as dores do outro. Está-se vendo que não é o homem para tomar as providências necessárias. Se não for capaz de coisa pior! Assim, de agora em diante, eles são dois contra um. Ele, pelo menos, dá a entender claramente que não vai ter coragem de tratar o subordinado com a dureza necessária, agora que vamos entrar numa região desabitada. Preciso dar um jeito de ficar livre dele. *Aproxima-se dos dois.* Mandei você tomar conta, para a bagagem ser bem arrumada: agora vamos ver se fez o que eu mandei. *Repuxa com força uma das correias da amarração até arrebentar.* Isso é bagagem arrumada? Se a correia arrebenta no caminho, é um dia que vamos ficar parados. Mas você está querendo é isto mesmo: ficar parado.

GUIA — Eu não quero parar coisa nenhuma. E se ninguém puxar com tanta força, a correia não vai arrebentar.

COMERCIANTE — Como? Então ainda quer me desmentir? Essa correia arrebentou ou não? Tenha a coragem de dizer, na minha cara, que a correia não está arrebentada! Não posso mais confiar em você. Quando tentei tratar vocês decentemente, eu cometi um erro: com vocês não se pode fazer isso. Não preciso de um guia que não sabe impor respeito ao resto do pessoal. Você parece mais capacitado para ser carregador, e não para ser guia. Tenho razões até para desconfiar que anda enchendo os ouvidos do pessoal.

GUIA — E que razões são essas?

COMERCIANTE — Isso é o que você gostaria de saber! Pois está despedido!

GUIA — Mas não pode me despedir assim, no meio da viagem.

COMERCIANTE — Considere-se ainda um felizardo, se eu não for fazer queixa de você na Agência, em Urga! Aqui está o seu salário: exatamente até o dia de hoje. *Chama o Estalajadeiro, que se faz presente.* O senhor é testemunha: estou pagando o salário devido. *Ao Guia* — E a você eu vou dizendo, desde já: em Urga, é melhor não aparecer na minha frente. *Mede-o com o olhar, de alto a baixo.* Você nunca há de ser nada na vida. *Vai com o Estalajadeiro para o outro recinto.* Eu já estou de partida. Se acontecer alguma coisa comigo, o senhor é testemunha de que eu saí daqui hoje sozinho com aquele homem! *Indica o Cule no pátio.*

*O Estalajadeiro dá a entender, por meio de gestos, que não está compreendendo nada.*

COMERCIANTE *perplexo* — Ele não me entende. Neste caso, não haverá pessoa alguma para dizer para onde eu fui. E o pior é essa corja saber que não há ninguém.

*O Comerciante senta-se e escreve uma carta.*

GUIA *ao Cule* — Foi um erro eu me sentar com você. Fique de olho, que esse sujeito não presta! *Dá ao Cule o próprio cantil.* Fique com este cantil de reserva, bem escondido. Se vocês se perderem — como é que você pode acertar o caminho? — ele, com toda a certeza, vai lhe tomar o cantil. Agora eu vou lhe ensinar o caminho.

CULE — Não faça isso. Ele não deve nos ver conversando: se me mandar embora, estou perdido. E a mim ele nem tem que pagar nada, porque eu não sou sindicalizado como você. Eu tenho que me submeter a tudo.

COMERCIANTE *ao Estalajadeiro* — Esta carta é para ser entregue às pessoas que devem chegar aqui amanhã e também vão para Urga. Eu vou continuar minha viagem, só com o carregador.

ESTALAJADEIRO *recebendo a carta, com uma mesura* — Mas ele não é guia.

COMERCIANTE *de si para si* — Ah, então ele bem que compreende! Antes fingia não compreender: ele sabe como são essas coisas e não queria servir de testemunha. *Ao Estalajadeiro, secamente* — Faça o favor de ensinar ao meu carregador o caminho de Urga!

*O Estalajadeiro sai e começa a explicar ao Cule o caminho para Urga. O Cule, solícito, faz com a cabeça repetidos sinais afirmativos.*

COMERCIANTE — Já estou vendo que vai ser uma luta. *Tira o revólver do coldre e põe-se a limpá-lo. Entrementes, canta* —

Quem morre é o homem doente
O homem forte vai em frente.
Por que haveria a terra
De entregar o seu petróleo?
Por que haveria o cule
De levar minha bagagem?
Pelo petróleo lutemos
Contra a terra e contra o cule
E essa luta tem um lema:
Quem morre é o homem doente
O homem forte vai em frente.

COMERCIANTE *passando ao outro pátio, pronto para partir* — Então, já sabe o caminho?

CULE — Sei, sim senhor.

COMERCIANTE — Pé na estrada.

*Saem o Comerciante e o Cule. O Estalajadeiro e o Guia os seguem com o olhar.*

GUIA — Não sei se o meu colega chegou a aprender bem. Acho que ele aprendeu muito depressa.

## 4

## CONVERSA EM LUGAR DE PERIGO

CULE *cantando* —

Eu estou indo para a cidade de Urga
Vou caminhando sem descanso para Urga
Não há assaltantes que me impeçam de ir a Urga
Nem o deserto me impede de ir para Urga
Em Urga tem comida e pagamento.

COMERCIANTE — Como esse cule é despreocupado! Num lugar infestado de assaltantes e delinqüentes de todos os tipos, que se amontoam nas vizinhanças do posto, ele ainda canta. *Ao Cule* — Nunca fui muito com aquele guia: em certas horas me parecia grosseiro, em outras falando manso demais. Não me dava a impressão de um homem honesto.

CULE — Sim, patrão. *Continua a cantar* —
São muito duras as estradas até Urga
Espero que meus pés agüentem até Urga
São sofrimentos incontáveis até Urga
Mas lá em Urga tem descanso e pagamento.

COMERCIANTE — Por que está tão alegre e canta tanto, meu amigo? Não tem medo nenhum dos assaltantes? Pensa que de seu, mesmo, não podem tirar nada, pois nada lhe pertence: o que você tem a perder, pertence a mim...

CULE *cantando* —
Também minha mulher me está esperando em Urga
Também o meu filhinho me está esperando em Urga
Também...

COMERCIANTE *interrompendo-o* — Não me agrada essa sua cantoria. Motivo de cantar nós não temos nenhum. E a sua voz se ouve daqui até Urga: é a melhor maneira de atrair a corja inteira para cá. Amanhã você pode cantar mais, quanto quiser.

CULE — Sim, patrão.

COMERCIANTE *andando na frente* — Ele não resistiria nem um instante, se lhe quisessem roubar o carregamento. Que faria ele? A obrigação dele seria defender o que é meu como se fosse dele, contra todos os riscos. Mas isso é o que ele não faria nunca! Gente ruim! E também não diz nada: esses são os piores. Não sei o que tem dentro daquela cabeça. Em que estará pensando? Não tem nada para achar graça, e ri. Está rindo de quê? Por que será que me deixa ir na frente, por exemplo? Quem sabe o caminho é ele. Aonde será que me está levando? *Olha para trás e vê o Cule apagando, com um pano, os rastros deixados na areia.* Que está fazendo?

Cule — Estou apagando os nossos rastros, patrão.

Comerciante — Por que está fazendo isso?

Cule — Por causa dos assaltantes.

Comerciante — Ah, sim, por causa dos assaltantes. Mas alguém precisa ver para onde é que você está me levando. Por que é que você vem atrás de mim? Passe na frente! *Continuam a andar em silêncio. O Comerciante fala consigo mesmo* — Nesta areia, de fato, os rastros ficam muito visíveis. Naturalmente, pensando melhor, seria ótimo apagar os rastros.

## 5

## NA BEIRA DO RIO EM ENCHENTE

Cule — Nosso caminho era o certo, patrão. O que estamos vendo aí é o rio Mir. Nesta época do ano ele não costuma ser difícil de atravessar; mas na enchente ele puxa com muita força e a gente corre perigo de vida. E agora ele está na enchente.

Comerciante — Precisamos passar para o outro lado.

Cule — Às vezes a gente precisa esperar oito dias, até poder passar para o outro lado sem nenhum risco.

Comerciante — Isso é o que nós vamos ver! Não podemos ficar nem um dia esperando.

Cule — Então precisamos achar um vau ou uma canoa.

Comerciante — Vai demorar muito.

Cule — Mas eu não nado direito.

Comerciante — O rio não está tão cheio assim.

Cule *sondando as águas com um pau* — Para mim não dá pé.

COMERCIANTE — Quando estiver dentro d'água, você vai logo sair nadando. Não vai poder fazer outra coisa. Ora, você não é capaz de uma visão como eu tenho. Por que razão nós temos de chegar a Urga? Então você não vê, seu idiota, que é um serviço que se presta à humanidade quando se tira petróleo da terra? Quando o petróleo é tirado da terra, abrem-se estradas de ferro e o bem-estar é geral: tem pão e tem comida, e Deus sabe o que mais. E quem é que vai fazer isso? Nós. Tudo depende da nossa viagem. Imagine que todos os olhos deste país estão voltados para você, um homenzinho só! E você ainda hesita em cumprir o seu dever?

CULE *que durante a fala acenou respeitosamente com a cabeça* — Eu não sei nadar direito.

COMERCIANTE — Eu também estou arriscando a minha vida. *O Cule concorda respeitosamente com acenos de cabeça.* Não entendo você. Levado por considerações mesquinhas e gananciosas, não tem nenhum interesse em chegarmos a Urga o mais cedo possível: para você, quanto mais tarde melhor, porque é pago por dia de trabalho. A viagem não é o que lhe interessa: você só pensa no seu salário.

CULE *parado à beira-rio, hesitante* — O que é que eu devo fazer? *Canta* —

Cá está o rio.
Atravessá-lo a nado é perigoso.
Na beira d'água estão dois homens.
Um faz a travessia a nado, o outro
Hesita. Será corajoso um deles?
Será covarde o outro? Na outra margem
Do rio, um tem um negócio a fazer.

Do perigo sai um
Respirando aliviado na margem alcançada.
Vai pisar no que é seu.
Vai ter comida fresca.
Já o outro sai do perigo
A arquejar para o nada

Esperam por ele, o debilitado,
Perigos novos. Serão ambos valentes?
Serão ambos prudentes?
Ah, do rio que os dois venceram juntos
Não saem dois vencedores.

Nós e: eu e você
Não é a mesma coisa.
Nós tivemos a vitória
Mas a mim você venceu.

Me deixe descansar pelo menos a metade de um dia! Estou cansado de carregar a bagagem. Tendo um descanso, talvez eu possa chegar à margem de lá.

COMERCIANTE — Eu sei de um jeito melhor: vou encostar o cano do revólver nas suas costas! Quer apostar como chega logo à outra margem? *Vai empurrando o Cule na frente e diz consigo mesmo* — Meu dinheiro me faz ter medo dos ladrões e esquecer o rio *Canta* —

É assim que o homem supera
O deserto e o rio em alta
Supera a si mesmo e alcança
O petróleo de que há falta.

# 6

## ACAMPAMENTO NOTURNO

*Ao anoitecer, o Cule, com um dos braços quebrado, procura armar a tenda. O Comerciante está perto, sentado.*

COMERCIANTE — Eu já disse que hoje você não precisava armar a tenda, porque na travessia do rio quebrou o braço. *O Cule continua em silêncio o que estava fazendo.* Se eu não o puxasse para fora d'água você teria morrido afogado. *O Cule continua.* Embora eu não tenha culpa do acidente — aquele tronco de árvore podia muito bem ter batido em mim e não em você — essa é uma desgraça que lhe aconteceu quando você estava em viagem comigo. O dinheiro que eu tenho aqui é muito pouco, mas o meu Banco fica em Urga e lá eu indenizo você.

CULE — Sim, patrão.

COMERCIANTE — Que resposta mais seca! Cada vez que me olha é para me fazer sentir que eu o prejudiquei. Esses carregadores são uma cambada de gente maldosa! *Ao Cule* — Você pode ir se deitar. *Afasta-se e vai sentar-se mais longe.* Garanto que a desgraça do braço quebrado incomoda a ele menos do que a mim: essa gentinha não faz muita questão de estar inteira ou mutilada, e não enxerga nada mais alto que a beira do prato. Doentes por natureza, nem se preocupam mais consigo mesmos. Assim como quem joga fora uma coisa que não saiu certo, eles jogam fora suas próprias pessoas, que saíram erradas. Só quem dá certo é que luta! *Canta* —

Quem morre é o homem doente, o homem forte vai em frente
E assim está bem.
Ao forte todos ajudam, e o fraco não tem ninguém,
E assim está bem.
Deixa cair o que cai, e dá-lhe um pontapé mais,
E assim está bem.
Quem se senta à mesa é quem a maior vitória tem,
E assim está bem.
Os que na batalha tombam o cozinheiro não conta.
E assim faz bem.
Deus, que fez todas as coisas, fez o patrão e o empregado,
E assim fez bem.
E o bom é quem vive bem, quem vive mal é o malvado,
E assim está muito bem.

*O Cule aproximou-se. O Comerciante assusta-se ao vê-lo.*

COMERCIANTE — Ele estava escutando! Alto! Pare aí! O que é que você quer?

CULE — Patrão, a tenda está pronta.

COMERCIANTE — Você não fique deslizando por aí, de noite: eu não gosto disso. Quando alguém chega perto, eu quero ouvir os passos. E também, quando falo com uma pessoa, eu gosto de olhar para os olhos dela. Vá se deitar, não se preocupe demais comigo. *O Cule retira-se para o fundo.* Espere! Você fica na tenda! Eu fico sentado aqui, porque estou acostumado com o ar fresco. *O Cule entra na tenda.* Eu bem que gostaria de saber o que foi que ele ouviu do que eu cantava. *Pausa.* Que estará ele fazendo agora? Continua ocupado com alguma coisa.

*Vê-se o Cule na tenda, preparando cuidadosamente sua cama.*

CULE — Tomara que ele não perceba nada. Não é fácil cortar bem o capim, com um braço só.

COMERCIANTE — Estúpido é quem não toma cuidado. Confiar é sinal de estupidez! Por minha causa, esse homem sofreu um acidente que é capaz de deixá-lo aleijado para o resto da vida: é inteiramente justo que ele queira ir à forra. E o homem forte, quando está dormindo, não é mais forte do que o homem fraco quando está dormindo. O ser humano não devia ter necessidade de dormir. É claro que seria muito melhor estar sentado dentro da tenda; aqui, ao relento, pode-se pegar uma doença. Mas qual doença seria tão perigosa quanto a criatura humana? Por pouco dinheiro esse homem faz uma caminhada comigo, que tenho muito dinheiro. Mas a estrada é tão cansativa para um quanto para o outro. Quando ele dava mostras de cansaço, acabava apanhando. Quando o guia foi sentar-se com ele, mandei o guia embora. Quando ele, talvez mesmo por causa dos ladrões, ia apagar os nossos rastros na areia, viu-se tratado com desconfiança. Quando deu sinal de medo, na beira do rio, teve de olhar para o cano do meu revólver. Como é que eu vou dormir na mesma tenda com um homem desses? A mim ele não convence de que está conformado com tudo isso! Eu só queria saber o que ele está maquinando lá dentro! *Vê-se o Cule, na tenda, deitando-se tranqüilamente para dormir.* Eu seria um louco se fosse para aquela tenda.

# 7

## A ÁGUA PARTILHADA

### a

COMERCIANTE — Por que fica aí parado?

CULE — Patrão, a estrada termina aqui.

COMERCIANTE — E agora?

CULE — Se for para bater em mim, patrão, não bata no meu braço machucado. Daqui em diante eu não sei mais o caminho.

COMERCIANTE — E aquele homem do posto de Han não explicou a você?

CULE — Explicou, patrão.

COMERCIANTE — Quando eu lhe perguntei se tinha compreendido, você não disse que tinha?

CULE — Disse, patrão.

COMERCIANTE — E então não tinha compreendido tudo?

CULE — Não, patrão.

COMERCIANTE — E por que disse que tinha?

CULE — Eu tinha medo que o senhor me despedisse. Só sei que a gente vai seguindo os poços d'água.

COMERCIANTE — Então siga os poços d'água!

CULE — Mas eu não sei onde eles estão.

COMERCIANTE — Siga em frente! E não tente me fazer de idiota. Sei muito bem que já passou por aqui antes.

*Continuam a marcha.*

CULE — Mas não seria melhor esperarmos pelos que vêm atrás de nós?

Comerciante — Não.

*Continuam a marcha.*

b

COMERCIANTE — Mas, afinal, para onde você está indo? Assim vai para o norte; o leste é lá. *O Cule toma a nova direção.* Alto aí! Que foi que deu em você? *O Cule fica parado, sem olhar para o Comerciante.* Por que não me olha de frente?

CULE — Pensei que o leste ficasse daquele lado.

COMERCIANTE — Espere, seu vagabundo! Eu já lhe mostro como deve ser meu guia! *Bate nele.* Agora sabe onde é que fica o leste?

CULE *com um berro* — Nesse braço não!

COMERCIANTE — Onde fica o leste?

CULE — Lá.

COMERCIANTE — E onde ficam os poços d'água?

CULE — Lá.

COMERCIANTE *enfurecido* — Lá? Mas você estava indo para lá!

CULE — Não, patrão.

COMERCIANTE — Então você não estava indo para lá? Não era para lá que você estava indo? *Bate no Cule.*

CULE — Era, patrão.

COMERCIANTE — Onde é que ficam os poços d'água? *O Cule não responde. O Comerciante fala, aparentemente calmo* — Você não disse ainda há pouco que sabia onde ficavam os poços d'água? Sabe mesmo? Sim ou não? *O Cule não responde e é novamente espancado.* Sim ou não?

CULE — Sim.

COMERCIANTE *batendo mais* — Então você sabe?

CULE — Não.

COMERCIANTE — Passe para cá o seu cantil. *O Cule entrega o cantil.* Eu poderia agora partir do princípio de que essa água toda é minha, porque você me guiou mal. Mas isso eu não vou fazer: vou repartir a água com você. Beba um gole, e depois vamos em frente. *De si para si* — Eu me esqueci; numa situação como esta, eu não devia ter batido nele.

*Eles vão adiante.*

c

COMERCIANTE — Por aqui nós já passamos: veja só as marcas dos nossos pés.

CULE — Quando passamos por aqui, ainda não podíamos estar muito longe do caminho.

COMERCIANTE — Pode armar a tenda. O nosso cantil está vazio. No meu também não tem mais nada. *Senta-se no chão enquanto o Cule arma a tenda e às escondidas bebe água do próprio cantil. Diz de si para si* — Ele não deve perceber que eu ainda tenho água; senão, se tiver na cabeça uma única centelha de bom senso, ele me mata. Se chegar perto de mim leva um tiro. *Tira o revólver do coldre e põe no colo.* Se ao menos pudéssemos voltar ao último poço por onde passamos! Minha garganta está completamente seca. Por quanto tempo um homem será capaz de suportar a sede?

CULE — É melhor entregar a ele o cantil cheio que o guia me deu no posto. Senão, se nos encontrarem e eu ainda estiver vivo, com ele assim quase morto de sede, podem me processar.

*O Cule apanha o cantil cheio e encaminha-se para o Comerciante que, ao vê-lo de repente de pé a sua frente, não sabe se ele o viu bebendo ou não. O Cule não o viu bebendo água e estende-lhe o cantil em silêncio. Mas o Comerciante, pensando que o outro tem na mão um grande marco de pedra e está com raiva a ponto de querer matá-lo, começa a gritar.*

COMERCIANTE — Jogue fora essa pedra! *Com um tiro de revólver, abate o Cule, no momento em que, sem nada compreender, o outro continua a oferecer-lhe o cantil com água.* Então é mesmo! Pronto, seu animal. Você agora recebeu o que merece.

## 8

## CANÇÃO DOS TRIBUNAIS

*Entoada pelos atores enquanto arrumam o palco para a cena do Tribunal —*

Seguindo o rastro dos salteadores
Surgem os tribunais.
Depois que o inocente é trucidado
Reúnem-se em volta dele os juízes e ele é condenado.
Em torno à cova do trucidado
Também o seu direito é mutilado.

Dos tribunais as sentenças se precipitam
Quais sombras de facões de magarefes.
Um falcão desses tem força à beça e dispensa
O contrapeso de qualquer sentença.

Olhem: é um vôo de abutres! Aonde vão?
Do deserto, onde não há nada mais,
Fogem, para comer nos tribunais.

Os assassinos lá estão. Os perseguidores
Em segurança lá estão. E os que roubam
Vão lá esconder seus roubos, enrolados
Num papel onde há uma lei lavrada.

## 9

## JULGAMENTO

*O Guia e a Mulher do morto já estão sentados na sala do Tribunal.*

GUIA *à Mulher* — A senhora não é mulher do morto? Eu sou o guia que contratou seu marido. Ouvi dizer que neste processo a senhora pede uma punição para o comerciante e uma indenização. Eu vim logo para cá, pois tenho a prova de que o seu marido foi morto sem culpa alguma: está aqui na minha saca.

ESTALAJADEIRO *ao Guia* — Se eu ouvi bem, você tem uma prova em sua saca. Mas eu lhe dou um conselho: deixe a prova dentro da saca.

GUIA — E a mulher do carregador: há de sair daqui de mãos vazias?

ESTALAJADEIRO — Ou você quer ir para a lista negra?

GUIA — Eu vou pensar melhor no seu conselho.

*Os membros do Tribunal ocupam seus lugares, bem como o Comerciante acusado, membros da segunda caravana, e o Estalajadeiro.*

JUIZ — Está aberta a sessão! Tem a palavra a mulher do morto!

MULHER — Meu marido carregou a bagagem desse senhor pelo deserto de Jahi. Pouco antes do fim da viagem esse senhor o matou com um tiro. Embora nem por isto o meu marido volte a viver, eu exijo que o assassino seja punido.

JUIZ — Além disso a senhora pede também uma indenização.

MULHER — É, porque eu e meu filho pequeno ficamos sem aquele que nos dava o sustento.

JUIZ *à Mulher* — Eu não censuro a senhora por isso: a exigência de ordem material não constitui nenhum demérito para a senhora. *Aos membros da segunda caravana* — Atrás da expedição do comerciante Karl Langmann vinha uma segunda expedição, à qual se foi juntar, depois de despedido pelo comerciante, o guia da primeira caravana. A menos de uma milha de distância do caminho trilhado podia-se avistar a expedição malograda. Que foi que os senhores viram quando chegaram perto?

CHEFE DA SEGUNDA CARAVANA — O comerciante, com um pouquinho d'água ainda no cantil, e o carregador, caído na areia, morto com um tiro.

JUIZ *ao Comerciante* — O senhor matou o homem?

COMERCIANTE — Matei, sim: de repente, ele me agrediu!

JUIZ — Como foi que ele agrediu o senhor?

COMERCIANTE — Ia me acertar pelas costas com uma pedra!

JUIZ — O senhor tem alguma explicação para o motivo dessa agressão?

COMERCIANTE — Eu, não.

JUIZ — O senhor não forçava os seus homens com muita brutalidade?

COMERCIANTE — Nunca.

JUIZ — Encontra-se no recinto o guia despedido, que fez parte da expedição na primeira parte da viagem?

GUIA — Eu.

JUIZ — Diga o que sabe a respeito.

GUIA — Até onde eu possa saber, o que o comerciante queria era chegar a Urga o mais depressa possível, por causa de uma concessão.

JUIZ *ao Chefe da Segunda Caravana* — O senhor tinha a impressão de que a expedição que ia na sua frente andava com uma rapidez fora do comum?

CHEFE DA SEGUNDA CARAVANA — Fora do comum, não: eles levavam um dia de vantagem e mantinham essa vantagem.

JUIZ *ao Comerciante* — E para isso o senhor não pode ter deixado de forçar o seu pessoal.

COMERCIANTE — Eu nunca forcei ninguém: isso era função do guia!

JUIZ *ao Guia* — O acusado não lhe deu ordens expressas para forçar o carregador a andar mais depressa?

GUIA — Eu não forcei mais que o de costume: até menos, por sinal.

JUIZ — E por que foi despedido?

GUIA — Justamente pòrque, na opinião do comerciante, eu me mostrava amistoso demais com o carregador.

JUIZ — E não devia, por acaso? O cule, a quem o senhor nem podia tratar amistosamente, dava a impressão de ser um homem revoltado?

GUIA — Não. Ele agüentava tudo porque, pelo que me dizia, tinha medo de perder o emprego: ele não era sindicalizado.

JUIZ — Assim, tinha que engolir muita coisa, não é? Responda. Não fique aí pensando o tempo todo em cada resposta que tem a dar! A verdade sempre vem à tona.

GUIA — Eu só estive com eles até o posto de Han.

ESTALAJADEIRO *consigo mesmo* — Muito bem, guia!

JUIZ *ao Comerciante* — Depois disso aconteceu alguma coisa que pudesse dar motivo à agressão do cule?

COMERCIANTE — Nada, pelo menos da minha parte.

JUIZ — Ouça: o senhor não deve fazer-se de mais inocente do que é. Assim não vai arranjar nada, homem. Se tratava o seu cule com luvas de pelica, como explicar o ódio que ele tinha do senhor? É só tornando esse ódio justificável, que o senhor poderá justificar também que agiu em legítima defesa. Pense bem!

COMERCIANTE — Uma coisa é preciso confessar: bati nele uma vez! Bati, sim!

JUIZ — Ah! E o senhor acha que por causa dessa única vez o cule ficou tão cheio de ódio?

COMERCIANTE — Não, mas eu também encostei o revólver nas costas dele quando ele não queria atravessar o rio. Durante a travessia do rio ele quebrou um braço: culpa minha também.

JUIZ *sorrindo* — Na opinião do cule.

COMERCIANTE *também sorrindo* — Naturalmente. Na verdade quem o puxou de dentro d'água fui eu!

JUIZ — Então, vejamos. Logo depois de despedir o guia o senhor deu motivos para o carregador odiá-lo. E antes? *Ao Guia, em tom enérgico* — Reconheça de uma vez que o homem tinha ódio do comerciante. Quando se pensa bem, aliás, isso é até óbvio: é bem compreensível que um homem, mal remunerado, forçado com violência a enfrentar um grande perigo, vendo-se prejudicado até em sua saúde, e arriscando a vida quase a troco de nada, para um outro ter vantagem, acabe tendo ódio desse outro.

GUIA — Ele não tinha ódio de ninguém.

JUIZ — Vamos agora interrogar o estalajadeiro do posto de Han, que talvez nos possa dizer alguma coisa para ajudar a termos uma idéia clara do relacionamento entre o comerciante e seus empregados. *Ao Estalajadeiro* — Como é que o comerciante tratava os homens dele?

ESTALAJADEIRO — Bem.

JUIZ — Quer que mande evacuar o recinto? O senhor acha que, dizendo a verdade, pode trazer prejuízo aos seus negócios?

ESTALAJADEIRO — Não: neste caso não é preciso.

JUIZ — Como o senhor quiser.

ESTALAJADEIRO — Ao guia ele chegou até a dar cigarro, e pagou o salário devido sem discutir. E o cule também era bem tratado.

JUIZ — O lugar onde o senhor trabalha é o último posto de polícia nesse itinerário?

ESTALAJADEIRO — É. Depois começa o deserto de Jahi, completamente desabitado.

JUIZ — Ah, sei! Nesse caso, a amabilidade do comerciante era mais uma questão de circunstâncias, por pouco tempo: era, por assim dizer, uma amabilidade tática. Na guerra também os nossos oficiais faziam questão de tratar as tropas de maneira tanto mais amável quanto mais se aproximavam da frente de batalha. Amabilidades desse tipo naturalmente não querem dizer nada.

COMERCIANTE — Ele, por exemplo, estava sempre cantando, enquanto caminhávamos. A partir do momento em que o ameacei com o revólver, para forçá-lo a atravessar o rio, nunca mais o ouvi cantar.

JUIZ — Ele estava portanto bastante irritado; o que é perfeitamente compreensível. E eu retomo de novo o exemplo da guerra: lá também se podia compreender perfeitamente a gente simples do povo, quando dizia a nós, oficiais: pois é, vocês fazem a guerra de vocês, mas é também a de vocês que nós fazemos! Assim também o carregador poderia dizer ao comerciante: o senhor está fazendo o seu negócio, mas o negócio que eu faço é também do senhor!

COMERCIANTE — Outra coisa é preciso confessar: quando ficamos perdidos no deserto eu reparti com ele um cantil de água, mas escondi o outro cantil para beber sozinho.

Juiz — E por acaso ele viu o senhor bebendo?

Comerciante — Foi o que eu pensei quando ele avançou contra mim com a pedra na mão. Eu sabia que ele me odiava. Quando entramos na região desabitada, fiquei noite e dia de sobreaviso. Eu só podia imaginar que ele viria para cima de mim na primeira oportunidade. Se eu não tivesse atirado, o morto seria eu!

Mulher — Eu só queria dizer uma coisa: ele não pode ter agredido esse homem, ele jamais agrediu alguém.

Guia — Pode ficar descansada: a prova da inocência dele está aqui na minha saca.

Juiz — Alguém encontrou a pedra com que o cule ameaçou o senhor?

Chefe da Segunda Caravana *apontando o Guia* — Esse homem tirou-a da mão do morto.

*O Guia exibe o cantil.*

Juiz — Era essa a pedra? O senhor a reconhece?

Comerciante — A pedra era essa mesmo!

Guia — Pois então veja o que a pedra tem dentro! *Derrama a água do cantil.*

Primeiro Juiz Adjunto — Isto é um cantil com água, não é pedra nenhuma: ele ia oferecer água ao senhor!

Segundo Juiz Adjunto — Agora, tudo indica que ele não pretendia em absoluto matar ninguém.

Guia *abraçando a viúva do morto* — Viu? Consegui provar: ele era inocente. Foi só por um acaso excepcional que eu pude provar isso: eu mesmo dei o cantil d'água a ele quando ele partiu do último posto, o Estalajadeiro é testemunha de que o cantil é meu.

ESTALAJADEIRO *de si para si* — Que idiota! Agora ele também está perdido.

JUIZ — Como pode ser isso? *Ao Comerciante* — Ele ia dar de beber ao senhor!

COMERCIANTE — Devia ser uma pedra.

JUIZ — Não era pedra nenhuma: não está vendo que é um cantil com água?

COMERCIANTE — Mas eu nunca poderia imaginar que fosse um cantil com água: aquele homem não tinha motivo algum para me dar de beber. Eu não era amigo dele.

GUIA — Ele ia dar de beber ao senhor.

JUIZ — Por que iria dar água ao patrão? Por quê?

GUIA — Deve ter imaginado que o comerciante estava com sede. *Os Juízes sorriem uns para os outros.* Decerto por um sentimento de humanidade. *Os Juízes tornam a sorrir.* Talvez até por imbecilidade, e por isso eu acho que ele não tinha nada contra o comerciante.

COMERCIANTE — Só se ele era muito imbecil, mesmo. Um sujeito que, por minha causa, sofreu um acidente capaz de deixá-lo aleijado para o resto da vida, e logo num braço! Nada mais justo, da parte dele, do que querer ir à forra.

GUIA — Nada mais justo.

COMERCIANTE — Por um pouquinho de dinheiro à toa, ele se prestava a andar com uma pessoa como eu, que tenho dinheiro à beça. É verdade que o caminho era tão árduo para ele como para mim.

GUIA — Disso, ele sabia.

COMERCIANTE — E quando estava cansado, apanhava.

GUIA — Não é o certo?

COMERCIANTE — Admitir que o cule não quisesse acabar comigo na primeira oportunidade, seria admitir que ele não tivesse nenhum bom senso.

JUIZ — O senhor quer dizer que tinha razão em supor que o cule tivesse alguma coisa contra a sua pessoa. Dadas as circunstâncias, portanto, o senhor teria atirado numa criatura inofensiva, tão-somente por não poder adivinhar que era inofensiva. Isso acontece, vez por outra, com os nossos policiais: atiram no meio de uma multidão de manifestantes, gente absolutamente pacífica, só por não poderem conceber que essa gente não esteja pronta para arrancá-los de cima dos cavalos e linchá-los. Então os policiais atiram, a bem dizer, só por medo; e o fato de terem medo é uma prova de bom senso. O senhor quer dizer que não podia saber que o cule constituía uma exceção!

COMERCIANTE — A gente tem que seguir a regra e não a exceção.

JUIZ — Então, é isto: que motivos poderia ter o carregador para dar de beber ao seu carrasco?

GUIA — Nenhum motivo razoável!

JUIZ *cantando* —

A regra é: olho por olho!
Só um tolo espera a exceção.
Que o inimigo lhe dê de beber
O sensato não pode conceber.

*Falando aos outros Juízes* — Agora vamos ao veredicto.

*Os Juízes retiram-se.*

GUIA *cantando* —

No regime que criaram
Humanidade é exceção.
Assim, quem se mostra humano
Paga caro essa lição.
Reneguem de todo aquele
Que amigável se mostrar!

Guardem distância daquele
Que a outrem quer ajudar!

Se há alguém ao lado com sede:
Feche os olhos bem depressa!
Tape os ouvidos, se alguém
Geme perto de você!
Se alguém grita por socorro
Não se arrede do lugar!
Quem se esquece disto é bobo:
Vai dar de beber a um homem
Mas quem bebe mesmo é um lobo!

CHEFE DA SEGUNDA CARAVANA — O senhor não tem medo de nunca mais arranjar emprego?

GUIA — Eu precisava dizer a verdade.

CHEFE DA SEGUNDA CARAVANA *sorrindo* — Bem, se o senhor precisava.

*Os Juízes retornam ao recinto.*

JUIZ *ao Comerciante* — O tribunal tem mais uma pergunta a lhe fazer: por acaso o senhor, matando o carregador, não saiu com vantagem?

COMERCIANTE — Pelo contrário! Eu precisava dele, para o negócio que ia fechar em Urga: era ele quem carregava os mapas e as tabelas de que eu tinha necessidade. Eu não estava em condições de carregar sozinho as minhas coisas!

JUIZ — O senhor, com isso, não realizou o seu negócio em Urga?

COMERCIANTE — Naturalmente que não: eu cheguei tarde demais. Estou arruinado!

JUIZ — Então eu vou proferir a sentença! O Tribunal considera provado que o carregador aproximou-se do patrão, não com uma pedra, e sim com um cantil d'água. Ainda partindo dessa premissa, porém, era muito mais provável que ele estivesse pensando em matar o patrão, com o cantil, do que em lhe dar de beber. O carregador pertencia a uma classe que tem, efetivamente, razões para sentir-se prejudicada. Para pessoas da classe do carregador, defender-se contra um abuso que o deixasse lesado na partilha da água era uma simples questão de bom senso. Para pessoas desse tipo, com seus pontos de vista limitados e unilaterais, aferrados a um único aspecto da realidade, pareceria até bastante justo vingar-se dos que as maltratam: no dia do ajuste de contas só teriam a ganhar. O comerciante não pertencia à mesma classe do carregador, de quem só poderia esperar o pior. O comerciante jamais poderia acreditar em qualquer gesto de camaradagem por parte do carregador, a quem ele havia confessadamente maltratado: o bom senso lhe dizia que sobre ele pesavam as mais graves ameaças, e o despovoado da região devia trazê-lo cheio de apreensões. A ausência de polícia e de juízes possibilitava ao empregado arrancar-lhe à força a sua ração de água, e o encorajava mesmo a fazer isso. O acusado, portanto, agiu em legítima defesa tanto no caso de ter sido realmente ameaçado quanto no caso de apenas sentir-se ameaçado. Dadas as circunstâncias, tinha razões para sentir-se ameaçado. Isto posto, absolve-se o acusado, e não se toma conhecimento da queixa da mulher do morto.

Os Atores —

Assim termina
A história de uma viagem
Que vocês viram e ouviram.
E viram o que é comum
O que está sempre ocorrendo.
Mas a vocês nós pedimos:
No que não é de estranhar
Descubram o que há de estranho!
No que parece normal
Vejam o que há de anormal!
No que parece explicado
Vejam quanto não se explica!
E o que parece comum
Vejam como é de espantar!
Na regra, vejam o abuso
E, onde o abuso apontar
Procurem remediar!

# A mãe

A vida da revolucionária Pelagea Wlassowa
(segundo o romance de Máximo Gorki)

Die Mutter

Escrita em 1931
Estréia: Berlim, 1932

*Tradução*: João das Neves

Colaboradores: S. Dudow, H. Eisler, G. Weisenborn

## PERSONAGENS

Pelagea Wlassowa. Pawel Wlassow, seu Filho. Anton Rybin, Andrej Nachodka, Iwan Wessowtschikow — operários da fábrica Suchlinow
Mascha Chalatowa, uma jovem operária
Policial
Comissário
O Porteiro
Smilgin, um velho operário
O operário Karpow
O Policial da fábrica
Nikolai Wessowtschikow, o professor.
O desempregado Sigorski
Guarda da prisão
Jegor Luschin, um trabalhador rural
Dois Fura-Greves
O açougueiro Wassil
Jefimowitsch
A sua Mulher
A Senhoria
A sua Sobrinha do campo
A Mulher Pobre
Um Funcionário
Uma Mulher Vestida de Preto
Uma Criada
Mulheres
Operários e Operárias

## 1

## AS WLASSOWAS DE TODO O MUNDO

*Quarto de Pelagea Wlassowa, em Twer.*

PELAGEA WLASSOWA — Quase me envergonha, oferecer esta sopa ao meu filho. Mas eu não posso pôr mais gordura, nem ao menos meia colher. Só na semana passada ele foi descontado em um copeque por hora de seu salário, e isso com nenhum esforço posso compensar. Ele precisa de um alimento mais forte, eu sei, seu trabalho é duro. É muito ruim que eu não possa oferecer uma sopa melhor ao meu único filho; ele é jovem, só agora se faz homem. É tão diferente do pai. Lê o tempo todo e nunca ligou muito para comida. Agora então, com esta sopa ainda pior, não há de ficar satisfeito. *Leva para o filho uma marmita com sopa. Observa como este, sem tirar os olhos do livro, destapa a marmita, cheira a sopa e torna a tampá-la, afastando-a.* Está cheirando a sopa de novo. E eu não posso fazer nada melhor. Daqui a pouco ele vai ver em mim um estorvo em lugar de uma ajuda. Para que divido a sua comida, moro em sua casa e me visto com o seu salário? Ele vai acabar indo embora. Que posso eu fazer, Pelagea Wlassowa, viúva de um operário e mãe de um operário? Penso três vezes antes de gastar cada copeque. Procuro assim e assado. Uma vez poupo na lenha, outra vez nas roupas. Mas, nunca chega. Não vejo nenhuma saída.

*O filho, Pawel Wlassow, pegou seu boné e sua marmita e saiu.*

CORO
*Cantado pelos operários revolucionários a Wlassowa —*

Escova o casaco
Escova-o de novo!
Quando bem escovado
Ele é um farrapo limpo.

Cozinha com esmero
Sem poupar esforços!

Quando falta o dinheiro
A sopa vira água.

Trabalha, trabalha mais
Poupa, divide melhor
Conta, conta bastante!
Quando falta o dinheiro
Nada se pode fazer.

Por mais que faças
Nunca será o bastante
A coisa está preta
E vai piorar
Não pode continuar
Mas qual a saída?

Tal como a gralha, que os filhotes
Não consegue alimentar
E contra o vento e a neve já não luta
E não vendo saída se lamenta:
Tu também não vês saída
E te lamentas.

Por mais que faças
Nunca será o bastante
A coisa está preta
E vai piorar.
Não pode continuar
Mas qual a saída?

Trabalham em vão sem poupar esforços
Para substituir o insubstituível
E recuperar o irrecuperável.
Quando falta o dinheiro, não basta o trabalho.
Pois a carne que falta na cozinha
É falta que não se resolve na cozinha.

Por mais que faças
Nunca será o bastante

A coisa está preta
E vai piorar.
Não pode continuar
Mas qual a saída?

## 2

## PELAGEA WLASSOWA VÊ, APREENSIVA, SEU FILHO NA COMPANHIA DE OPERÁRIOS REVOLUCIONÁRIOS.

*Quarto de Pelagea Wlassowa.*

*Três operários e uma jovem operária surgem, de madrugada, com um duplicador.*

ANTON RYBIN — Pawell, há duas semanas, quando você aderiu ao nosso movimento, nos ofereceu a sua casa se houvesse algum trabalho especial. Como nunca trabalhamos aqui, este é o lugar mais seguro.

PAWELL WLASSOW — Vocês vão fazer o quê?

ANDREJ NACHODKA — Nós temos de imprimir folhetos para hoje. Os últimos descontos nos salários deixaram os operários em forte agitação. Há três dias que distribuímos folhetos na fábrica. Hoje é o dia decisivo. Esta noite a assembléia da fábrica irá se reunir para resolver se vamos deixar que continuem a nos descontar um copeque ou se fazemos greve.

IWAN WESSOWTSCHIKOW — Nós trouxemos o duplicador e o papel.

PAWEL — Sentem-se. Minha mãe vai nos fazer um chá.

*Dirigem-se à mesa.*

IWAN *para Andrej* — Você fica lá fora, de olho na polícia.

*Andrej sai.*

ANTON — Onde está Ssidor?

MASCHA CHALATOWA — Meu irmão não veio conosco. Ontem à noite, ao voltar para casa, notou que era seguido por alguém com jeito de policial. Por isso, ele hoje preferiu ir direto para a fábrica.

PAWEL — Falem baixo. É melhor que minha mãe não nos ouça. Até agora não lhe contei nada; ela já não é tão jovem e não poderia nos ajudar muito.

ANTON — Aqui está o texto.

*Começam a trabalhar. Um deles pendurou um pano espesso sobre a janela.*

PELAGEA WLASSOWA *à parte* — Não gosto de ver meu filho na companhia desta gente. Eles vão acabar prejudicando-o. Ficam enchendo a cabeça do rapaz e em alguma vão metê-lo. Não vou servir chá nenhum para essa gente. *Aproxima-se da mesa.* Pawel, eu não posso fazer chá para vocês. O que temos é muito pouco, não dá para fazer um chá decente.

PAWEL — Pode fazer um chá fraco, mãe.

PELAGEA WLASSOWA *que se afastou e sentou* — Agora, se eu não fizer, logo vão notar que não posso suportá-los. E não gosto mesmo que venham aqui e falem tão baixo que ninguém possa escutá-los. *Volta a aproximar-se da mesa.* Pawel, seria muito desagradável para mim se o senhorio descobrisse que desde as cinco da manhã vem para cá um bando de gente imprimir sei lá o quê. Além do mais, ainda lhe devemos o aluguel.

IWAN — Creia, sra. Wlassowa, que nada nos interessa mais do que o seu aluguel. No fundo, só isso nos preocupa, embora não pareça.

PELAGEA WLASSOWA — Isso é o que eu não sei. *Afasta-se.*

ANTON — Pawel, sua mãe não nos vê com bons olhos, não é?

IWAN — É muito difícil para ela compreender que precisamos fazer tudo isso para que possa comprar chá e pagar o aluguel.

PELAGEA WLASSOWA — Mas são uns caras-de-pau! Agem simplesmente como se não fosse com eles. Que querem eles de Pawel? Quando entrou para a fábrica estava feliz por ter encontrado trabalho. Ganhava pouco e, neste último ano, vem ganhando cada vez menos. Se for descontado em mais um copeque prefiro ser eu mesma a deixar de comer. Mas não fico tranqüila com esses livros que anda lendo e me preocupa que perca as noites em reuniões que só servem para encher-lhe a cabeça. Assim, vai acabar perdendo o emprego.

MASCHA *canta para Wlassowa a "Canção da Solução"*

CANÇÃO DA SOLUÇÃO

Se não tens sopa no prato
Como irás te defender?
Que se vire este país
Bem virado de alto a baixo
Até teu prato estar cheio.
És tu, então, teu convidado.

Se não tens qualquer trabalho
Como irás te defender?
Que se vire este país
Bem virado de alto a baixo.
És tu, então, teu próprio patrão
Onde existe trabalho para ti.

Se riem da tua fraqueza
Não há mais tempo a perder
Que marchem todos unidos
Sem temor os que são fracos.
Serão assim uma só força.
Dela ninguém mais se rirá.

ANDREJ *entrando* — Polícia!

IWAN — Escondam os panfletos!

*Andrej tira o duplicador das mãos de Pawel e pendura-o do lado de fora da janela. Anton senta-se sobre os panfletos.*

PELAGEA WLASSOWA — Está vendo, Pawel, agora vem a polícia. Pawel, o que você anda fazendo? O que tem nesses papéis?

MASCHA *leva-a até a janela e senta-a no divã* — Sra. Wlassowa, sente-se e fique tranqüila.

*Entram um Policial e um Comissário.*

POLICIAL — Quietos! Quem se mexer leva um tiro! Esta é a sua mãe, Excelência, e aqui está ele.

COMISSÁRIO — Pawel Wlassow, preciso dar uma busca em sua casa. Mas que bela assembléia você tem aqui, hem?

POLICIAL — Aqui está também a irmã de Ssidor Chalatow, que prendemos hoje pela manhã. São eles mesmo.

MASCHA — O que aconteceu a meu irmão?

COMISSÁRIO — Seu irmão mandou lembranças, estamos cuidando dele. Ele agora está agitando os nossos percevejos e tem muitos seguidores. Infelizmente faltam-lhe panfletos.

*Os operários entreolham-se.*

COMISSÁRIO — Há ainda algumas celas vagas ao seu lado. A propósito, não terão alguns panfletos para socorrê-lo? Lamento muito, cara sra. Wlassowa, que eu tenha de procurar panfletos em sua casa. *Encaminha-se para o divã.* Veja bem, Wlassowa, agora eu tenho de abrir, por exemplo, o seu sofá. A senhora acha necessário? *Rasga o sofá.*

PAWEL — Aí dentro não há notas de rublos, não é mesmo? É que nós somos operários e ganhamos muito pouco.

COMISSÁRIO — E o espelho, ali na parede? Terá de ser feito em pedaços pela mão áspera de um policial? *Quebra o espelho.* A senhora é uma mulher honesta, eu sei. E no sofá não havia nada que lá não devesse estar. Mas como será na cômoda? Vejamos esta bela cômoda antiga. *Derruba o móvel.* Nada de nada. Wlassowa, Wlassowa! Gente honesta não banca a esperta, está querendo bancar a esperta? E aqui está o pote de banha com a colherinha, o tão querido pote de banha. *Tira o pote da prateleira e deixa-o cair.* Que pena, deixei-o cair no chão, e agora pode se verificar que tem banha!

PAWEL — Pouca. Muito pouca banha aí dentro, sr. Comissário. Também no cesto de pão há pouco pão e na lata de chá, pouco chá.

COMISSÁRIO *para o Policial* — Trata-se, então, de um pote de banha cheio de política. Wlassowa, Wlassowa! Será que na sua idade está querendo se meter conosco, uns cães de fila? Mas que bem lavadas estão suas cortinas! É raro ver-se isso. Até dá gosto olhá-las. *Arranca as cortinas.*

IWAN *para Anton, que se levantou, sobressaltado, receando pelo duplicador* — Fique sentado, senão leva um tiro.

PAWEL *falando alto para desviar a atenção do Comissário* — Era preciso jogar o pote de banha no chão?

ANDREJ *para o Policial* — Apanhe o pote!

POLICIAL — Este é o Andrej Nachodka, o pequeno russo.

COMISSÁRIO *aproximando-se da mesa* — Andrej Maximowitsch Nachodka, você já esteve preso uma vez por crimes políticos?

ANDREJ — Já. Em Rostow e Saratow, mas lá a polícia me tratava de senhor.

COMISSÁRIO *tira um panfleto do bolso* — Vocês conhecem o canalha que anda distribuindo estes panfletos subversivos na Fábrica Suchlinow?

PAWEL — É a primeira vez que vemos canalhas por aqui.

COMISSÁRIO — Você, Pawel Wlassow, tome cuidado ou ainda vai se arrepender. Sente-se direito quando falo com você.

PELAGEA WLASSOWA — Não precisa gritar desse jeito! O senhor é moço e ainda não conheceu a miséria. É funcionário. Recebe regularmente seu punhado de dinheiro para rasgar sofás e para verificar que nos potes de banha não há banha.

COMISSÁRIO — Você está chorando muito cedo, Wlassowa, poupe suas lágrimas que ainda vai precisar delas. É melhor cuidar de seu filho, ele vai por mau caminho. *Para os operários* — Ainda vai chegar o dia em que a esperteza de vocês não vai mais servir de nada.

*O Comissário e o Policial saem. Os operários arrumam a casa.*

ANTON — Sra. Wlassowa, por favor, peço que nos desculpe. Nós não pensávamos que já suspeitassem de nós. Agora, acabaram com a sua casa.

MASCHA — A senhora está muito assustada, sra. Wlassowa?

PELAGEA WLASSOWA — Sim, e estou vendo que Pawel está indo por mau caminho.

MASCHA — A senhora acha justo então que destruam a sua casa, só porque seu filho luta pelo copeque a que tem direito?

PELAGEA WLASSOWA — O que eles fazem não é direito, mas também o que ele faz não é direito.

IWAN *de novo junto à mesa* — E agora, como é que fica a distribuição dos panfletos?

ANTON — Se nós não distribuirmos os panfletos hoje, só porque a polícia começou a nos botar a mão, não passamos de uns cagões. Os panfletos têm que ser distribuídos.

ANDREJ — Quantos são?

PAWEL — Quinhentos, mais ou menos.

IWAN — E quem vai distribuí-los?

ANTON — Hoje é a vez do Pawel.

*Pelagea Wlassowa faz sinal para que Iwan se aproxime.*

PELAGEA WLASSOWA — Quem é que vai distribuir os panfletos?

IWAN — Pawel. É preciso.

PELAGEA WLASSOWA — É preciso! Primeiro são as leituras e as chegadas a altas horas da noite. Depois começam os trabalhos aqui em casa com máquinas que têm de ser penduradas fora da janela. Os vidros têm de ser cobertos com um pano. E as discussões têm de ser em voz baixa. É preciso! Um belo dia sua casa é invadida pela polícia e você é tratada como uma criminosa. *Levanta-se.* Pawel, eu te proíbo de distribuir esses panfletos.

ANDREJ — Mas é preciso, sra. Wlassowa.

PAWEL *para Mascha* — Diga a ela que os panfletos têm de ser distribuídos por causa do Ssidor, para inocentá-lo.

*Os operários aproximam-se de Pelagea Wlassowa. Pawel permanece junto à mesa.*

MASCHA — Sra. Wlassowa, é importante também por causa do meu irmão.

IWAN — Senão o Ssidor vai parar na Sibéria.

ANDREJ — Se nenhum panfleto for distribuído hoje, eles vão chegar à conclusão de que foi o Ssidor quem fez a distribuição ontem.

ANTON — Por isso é indispensável que hoje os panfletos voltem a ser distribuídos.

PELAGEA WLASSOWA — Estou vendo que é importante para que o jovem que vocês deixaram ser preso não seja sacrificado. Mas se o Pawel for preso, o que acontece?

ANTON — Não é assim tão perigoso.

PELAGEA WLASSOWA — Então, não é assim tão perigoso! Uma pessoa é desencaminhada e depois comprometida. E para salvá-la é preciso fazer-se isso e mais aquilo. Não é perigoso, mas é preciso. A gente fica sob suspeita, mas precisa distribuir panfletos. É preciso, mas não é perigoso. E assim por diante. E pra arrematar acaba-se na forca: bota-se a cabeça no laço, não é perigoso. Passem pra cá estes panfletos; eu, e não Pawel, irei distribuí-los.

ANTON — Mas como a senhora pensa fazer isso?

PELAGEA WLASSOWA — Não se preocupem. Eu posso fazer isso tão bem quanto vocês. Minha amiga Marja Korssunowa vende comida na fábrica na hora do almoço. Hoje, em vez dela, vou eu; e os seus folhetos vão servir de papel de embrulho. *Vai buscar a saca de compras.*

MASCHA — Pawel, a sua mãe se ofereceu para distribuir os panfletos.

PAWEL — Pensem bem nos prós e contras. Eu peço, por favor, que não me obriguem a decidir sobre a oferta de minha mãe.

ANTON — Andrej?

ANDREJ — Eu acho que pode dar certo. Ela é conhecida entre os operários e os policiais não desconfiam dela.

ANTON — Iwan?

IWAN — Também acho.

ANTON — Mesmo que seja apanhada, pouca coisa irá lhe acontecer. Ela não pertence ao movimento e o que fizer terá feito pelo filho. Camarada Wlassow, em vista da situação particularmente delicada em que nos encontramos e a pesada ameaça que paira sobre o camarada Ssidor, resolvemos aceitar a oferta de sua mãe.

IWAN — Nós achamos que ela não corre quase nenhum perigo.

PAWEL — Está bem. Eu concordo.

PELAGEA WLASSOWA *para si* — Com certeza, isso não é boa coisa, mas tenho de ajudar, não quero o Pawel metido nisso.

ANTON — Sra. Wlassowa, nós lhe confiamos também os nossos panfletos.

ANDREJ — E assim vai também lutar por nós, Pelagea Wlassowa.

PELAGEA WLASSOWA — Lutar? Não sou nenhuma mocinha, muito menos lutadora. Eu fico satisfeita quando consigo juntar três copeques. Isso já é luta bastante para mim.

ANDREJ — A senhora sabe o que dizem os panfletos, sra. Wlassowa?

PELAGEA WLASSOWA — Não, eu não sei ler.

## 3

## O COPEQUE DO PÂNTANO

*Pátio da Fábrica.*

PELAGEA WLASSOWA *com um grande cesto, diante do portão da fábrica* — Tudo depende do tipo de homem que é o porteiro: preguiçoso ou cuidadoso. Só preciso convencê-lo a me dar um passe. Vou embrulhar a comida com os folhetos. Se me descobrirem, digo simplesmente: alguém colocou no cesto, eu não sei ler. *Observa o Porteiro da fábrica.* É dos gordos, gênero poltrão. Vou ver qual a sua reação ao lhe oferecer um pepino. Deve gostar de comer e não tem o quê. *Aproxima-se do portão e deixa cair um embrulho na frente do Porteiro.* O senhor pode me apanhar este embrulho? *O Porteiro não dá atenção.* É engraçado: não é que eu nem me lembrava que só preciso pousar o cesto para ter as mãos livres? E já estava a incomodá-lo. *Para o público* — Já vi que é de poucas palavras. Se a gente começa com falatório, logo fará tudo para ficar de novo em sossego. *Vai para a porta e começa a matraquear* — Isso é bem da Marja

Korssunowa! Ainda ontem eu lhe disse: cuidado com os pés molhados. O senhor acha que me ouviu? Pois sim! Voltou a semear batatas e a molhar os pés. Na manhã seguinte foi dar de comer às cabras. De novo os pés molhados ! O que o senhor me diz disso? É claro, já estava bem arranjada. Mas em vez de ir para a cama, voltou a sair de noite. Naturalmente que chovia, e qual foi o resultado? Pés molhados!

PORTEIRO — A senhora não pode entrar aqui sem passe.

PELAGEA WLASSOWA — Eu bem que avisei. O senhor sabe, nós somos amigas como unha e carne, mas aposto que nunca viu uma mulher tão teimosa como aquela. Wlassowa, eu estou doente, você precisa ir por mim à fábrica para vender comida. Está vendo, Marja, disse eu, agora você está aí, rouca. Mas por que você está rouca? Se você me falar de novo sobre pés molhados, me diz ela, e olhe que só pode cacarejar, eu te jogo esta xícara nos miolos! Teimosa!

*O Porteiro, suspirando, deixa-a entrar.*

PELAGEA WLASSOWA — Tem razão, tem razão, eu estou só perturbando.

*Hora do almoço, no intervalo. Os operários sentam-se sobre caixotes, etc. e comem. Pelagea Wlassowa oferece as mercadorias. Iwan Wessowtschikow ajuda a embrulhá-las.*

PELAGEA WLASSOWA — Pepinos, tabaco, chá, pastéis frescos!

IWAN — E o papel do embrulho é o melhor.

PELAGEA WLASSOWA — Pepinos, tabaco, chá, pastéis frescos!

IWAN — E o papel do embrulho é de graça.

UM OPERÁRIO — Você também tem pepinos?

PELAGEA WLASSOWA — Claro, aqui estão.

IWAN — E o papel do embrulho a gente guarda.

PELAGEA WLASSOWA — Pepinos, tabaco, chá, pastéis frescos.

UM OPERÁRIO — Vem cá, me diz o que tem de tão interessante no papel de embrulho. Eu não sei ler.

UM OUTRO OPERÁRIO — Como é que você quer que eu saiba o que diz o teu papel?

O PRIMEIRO — O que você tem na mão é igualzinho ao meu.

O SEGUNDO — É verdade, aqui tem qualquer coisa escrita.

O PRIMEIRO — E então?

SMILGIN *um velho operário* — Eu sou contra a distribuição desses panfletos durante as negociações.

O SEGUNDO — Eles têm razão. Se aceitamos negociar vão acabar nos enrolando.

PELAGEA WLASSOWA *atravessando o pátio* — Pepinos, tabaco, chá, pastéis frescos.

TERCEIRO OPERÁRIO — A polícia já está nos seus calcanhares e a vigilância na fábrica também foi reforçada, mas os panfletos estão aqui de novo. Eles são bastante espertos e ninguém pode impedi-los. Eles têm uma certa razão. E sabem o que querem.

O PRIMEIRO — Eu devo concordar quando vejo algo assim. Estou com eles.

PAWEL — Aí vem Karpow, afinal.

ANTON — Estou curioso para saber o que conseguiu.

O OPERÁRIO KARPOW *surge* — Todos os representantes estão aqui?

*Num dos cantos do pátio da fábrica encontram-se os representantes dos trabalhadores, entre eles Smilgin, Anton e Pawel.*

KARPOW — Colegas, chegamos a um acordo!

ANTON — O que conseguiram?

KARPOW— Colegas, não voltamos sem ter obtido algum êxito.

ANTON — Conseguiram o copeque?

KARPOW — Colegas, nós mostramos ao sr. Suchlinow que a redução de um copeque por hora do salário de 800 operários somam 24.000 rublos por ano. Estes 24.000 rublos por ano iriam, de agora em diante, direto para o bolso do sr. Suchlinow. Nós precisávamos impedir isso, antes de mais nada. Agora, depois de uma luta de quatro horas, nós conseguimos. Estes 24.000 rublos não irão parar no bolso do sr. Suchlinow.

ANTON — Então, conseguiram o copeque?

KARPOW — Colegas, nós sempre enfatizamos que as condições sanitárias da fábrica são insuportáveis.

PAWEL — Conseguiram o copeque?

KARPOW — O pântano da porta leste da fábrica é o maior problema.

ANTON — Então é com o pântano que vocês vão nos enrolar!

KARPOW — Pensem nas nuvens de mosquitos que todos os verões nos impedem de estar lá fora e nas doenças como o impaludismo que ameaçam os nossos filhos. Colegas, o pântano será aterrado com os 24.000 rublos. Isso o sr. Suchlinow poderia conceber. Assim, a fábrica será recuperada. A expansão da fábrica poderia começar com essa nova área. Isso criaria novos empregos. Nós sabemos muito bem que quando a fábrica prospera, nós também prosperamos. Nós não podemos esconder de vocês que o sr. Suchlinow nos confessou que a filial da fábrica em Twer deverá ser paralisada. E com isso setecentos colegas irão para a rua. Nós somos pelo mal menor. Qualquer pessoa de bom senso está vendo com preocupação que nós estamos atravessando uma das maiores crises econômicas que o nosso país já viveu.

ANTON — Pelo visto o capitalismo está doente e você é o seu médico. Você também é a favor da redução dos salários?

KARPOW — Não encontramos nenhuma outra saída durante as negociações.

ANTON — Então nós exigimos a suspensão das negociações com a direção, já que vocês não podem impedir que nos reduzam o salário.

KARPOW — Eu os previno contra a suspensão das negociações com a direção.

SMILGIN — Vocês precisam saber claramente que isso significa a greve!

ANTON — Na nossa opinião só uma greve pode salvar o copeque.

IWAN — A pergunta que se coloca para nós hoje é muito simples: deve o pântano do sr. Suchlinow ser aterrado ou o copeque recuperado? Nós devemos entrar em greve e temos também que tentar conseguir que no 1º de maio, daqui a apenas uma semana, as outras fábricas, onde os salários deverão ser reduzidos, adiram à greve.

KARPOW — Bom, eu avisei!

*Sirene da fábrica. Os operários levantam-se e dirigem-se para o trabalho. Olhando por sobre o ombro cantam para Karpow e Smilgin a "Canção do Remendo e do Casaco".*

CANÇÃO DO REMENDO E DO CASACO

Sempre que o nosso casaco se rasga
Vocês vêm correndo dizer: assim não pode ser
Isso vai acabar, custe o que custar!
Cheios de fé vão aos senhores
Enquanto nós, cheios de frio, aguardamos.
E ao voltar, sempre triunfantes
Nos mostram o que por nós conquistam:
Um pequeno remendo.
Ótimo, eis o remendo

Mas onde está
O nosso casaco?

Sempre que nós gritamos de fome
Vocês vêm correndo dizer: Isso não vai continuar
É preciso ajudá-los, custe o que custar!
E cheios de ardor vão aos senhores
Enquanto nós, com ardor no estômago, esperamos.
E ao voltar, sempre triunfantes
Exibem a grande conquista:
Um pedacinho de pão.
Que bom, este é o pedaço de pão
Mas onde está
O pão?

Não precisamos só do remendo
Precisamos o casaco inteiro.
Não precisamos de pedaços de pão
Precisamos de pão verdadeiro.
Não precisamos só do emprego
Toda a fábrica precisamos.
E mais o carvão
E mais as minas
O povo no poder.
É disso que precisamos.
Que têm vocês
A nos dar?

*Os operários saem, menos Smilgin e Karpow.*

KARPOW — Então, a greve! *Sai.*

*Pelagea Wlassowa volta e senta-se, conferindo o produto das vendas.*

SMILGIN *com um folheto na mão* — Então, é a senhora que anda distribuindo isso? A senhora sabe que estes papéis significam greve?

PELAGEA WLASSOWA — Greve? Como?

SMILGIN — Estes folhetos incitam o pessoal das fábricas Suchlinow à greve.

PELAGEA WLASSOWA — Não entendo nada disso.

SMILGIN — Se não entende, por que os distribuiu?

PELAGEA WLASSOWA — Temos cá as nossas razões. Por que prendem a nossa gente?

SMILGIN — A senhora sabe o que está escrito aí?

PELAGEA WLASSOWA — Não, eu não sei ler.

SMILGIN — E assim se incitam as pessoas. Uma greve é coisa grave. Amanhã de manhã não vão trabalhar. Como será amanhã à noite? E a próxima semana? Para a firma, dá no mesmo se nós voltamos ao trabalho ou não, mas para nós é vital. *O Policial da Fábrica e o Porteiro chegam correndo.* Anton Antonowitsch, está procurando alguma coisa?

PORTEIRO — Sim, os folhetos incitando à greve foram distribuídos de novo. Eu não sei como entraram. Mas o que o senhor tem aí?

*Smilgin tenta meter o panfleto no bolso.*

O POLICIAL DA FÁBRICA — O que foi que meteu no bolso? *Tira-lhe o folheto do bolso.* Um panfleto!

O PORTEIRO — O senhor lê estes panfletos, Smilgin?

SMILGIN — Anton Antonowitsch, meu amigo, cada um se permite ler o que bem entende.

O POLICIAL DA FÁBRICA — Ah, é assim? Eu vou te mostrar no que dá a leitura de panfletos que pregam a greve aqui na tua fábrica!

SMILGIN — Não sou a favor da greve, Karpow pode testemunhar.

O POLICIAL DA FÁBRICA — Então vá dizendo onde arranjou os panfletos.

SMILGIN *após uma pausa* — Estavam caídos no chão.

O POLICIAL DA FÁBRICA *agride-o* — Eu vou te dar os panfletos!

*O Policial da Fábrica e o Porteiro saem com Smilgin.*

PELAGEA WLASSOWA — Mas o homem só comprou um pepino!

## 4

## PELAGEA WLASSOWA RECEBE A SUA PRIMEIRA LIÇÃO DE ECONOMIA

*Quarto de Pelagea Wlassowa.*

PELAGEA WLASSOWA — Pawel, a seu pedido levei hoje à fábrica os folhetos que vocês me deram para desviar as suspeitas do rapaz que vocês deixaram prender. Ao acabar a distribuição tive que ver com meus próprios olhos um homem ser preso sem ter feito nada, só por ler os panfletos. O que vocês me mandaram fazer?

ANTON — Sra. Wlassowa, nós lhe agradecemos pela eficiência do seu trabalho.

PELAGEA WLASSOWA — Ah, vocês chamam isso eficiência? E quanto ao Smilgin, que graças à minha eficiência foi parar na cadeia?

ANDREJ — Ele não foi parar na cadeia por sua causa. Ao que sabemos ele foi parar na cadeia porque os policiais o prenderam.

IWAN — E já foi posto em liberdade, porque perceberam que ele foi um dos poucos que estava contra a greve. Só que agora ele está a favor. Sra. Wlassowa, a senhora contribuiu para a união dos operários nas fábricas Suchlinow. Como a senhora com certeza já ouviu, a greve foi aprovada quase por unanimidade.

PELAGEA WLASSOWA — Eu não queria fazer nenhuma greve, mas ajudar um homem. Por que as pessoas são presas quando lêem os panfletos? O que dizem os panfletos?

MASCHA — Ao distribuí-los a senhora nos prestou um grande serviço.

PELAGEA WLASSOWA — O que tem nos panfletos?

PAWEL — O que é que a senhora acha?

PELAGEA WLASSOWA — Que dizem coisas que não são direitas.

ANTON — É claro, sra. Wlassowa, que nós lhe devemos satisfações.

PAWEL — Sente-se aqui conosco, mãe, nós queremos explicar para você.

*Colocam um pano sobre o sofá, Iwan pendura um espelho novo na parede, Mascha coloca um novo pote de banha sobre a mesa. Depois trazem cadeira e sentam-se em volta de Pelagea Wlassowa.*

IWAN — Veja, sra. Wlassowa, nós dizíamos nos panfletos que não podíamos admitir que o sr. Suchlinow reduzisse o salário que nos paga sempre que lhe desse na telha.

PELAGEA WLASSOWA — Bobagens. Como vocês podem impedir isso? Por que o sr. Suchlinow não pode reduzir o salário de vocês sempre que lhe der na telha? A fábrica pertence a ele ou não pertence?

PAWEL — A fábrica pertence.

PELAGEA WLASSOWA — Então. Esta mesa, por exemplo, me pertence. Agora eu pergunto a vocês: e não posso fazer com essa mesa o que eu bem entender?

ANDREJ — Sim, sra. Wlassowa. A senhora pode fazer com esta mesa o que bem entender.

PELAGEA WLASSOWA — E então. Eu posso, por exemplo, parti-la em pedaços se quiser?

ANTON — Pode, a senhora pode parti-la em pedaços se quiser.

PELAGEA WLASSOWA — Ah-ah! Então o sr. Suchlinow não pode fazer o que quiser com a sua fábrica, que lhe pertence tanto quanto a mim esta mesa?

PAWEL — Não.

PELAGEA WLASSOWA — E por que não?

PAWEL — Porque ele precisa do nosso trabalho em sua fábrica.

PELAGEA WLASSOWA — E se ele disser que já não precisa mais de vocês?

IWAN — Veja, sra. Wlassowa, a senhora precisa pensar assim: ele pode às vezes precisar de nós e às vezes não.

ANTON — Certo.

IWAN — Quando ele precisa de nós, temos de estar lá; e quando ele não precisa, também temos de estar lá. Para onde iremos? E ele sabe disso. Ele não precisa sempre de nós, mas nós precisamos sempre dele. E ele joga com isso. As máquinas do sr. Suchlinow, entretanto, estão lá. Mas elas são o nosso instrumento de trabalho. Nós não temos senão este. Não temos mais teares nem tornos, e assim precisamos utilizar as máquinas do sr. Suchlinow. A fábrica pertence a ele, mas se ele a fecha, tira também o nosso instrumento de trabalho.

PELAGEA WLASSOWA — Porque a fábrica lhe pertence tanto quanto a mim a minha mesa.

ANTON — Sim, mas a senhora acha justo que o nosso instrumento de trabalho lhe pertença?

PELAGEA WLASSOWA *em tom alto* — Não! Mas que eu ache justo ou não ache justo, ainda assim pertence a ele. E alguém pode achar justo ou injusto que a minha mesa me pertença?

ANDREJ — O que estamos dizendo é que há uma diferença entre possuir uma mesa e uma fábrica.

MASCHA — Uma mesa a senhora pode, naturalmente, possuir, ou uma cadeira. Isso não afeta ninguém. Se a senhora guardar no porão, quem será prejudicado? Mas se a senhora possui uma fábrica, a senhora pode prejudicar centenas de pessoas.

IWAN — Porque ele possui o seu instrumento de trabalho. E com isso pode explorá-las.

PELAGEA WLASSOWA — Ah, então ele pode nos explorar. E vocês acham que eu ainda não tinha notado nesses quarenta anos? Eu só não notei mesmo é que podíamos ter feito algo contra.

ANTON — Sra. Wlassowa, agora chegamos, no que diz respeito à propriedade do sr. Suchlinow, ao ponto em que a fábrica dele é uma propriedade bem diferente do que, por exemplo, sua mesa. Ele pode utilizar a sua propriedade para nos explorar.

IWAN — Mas a sua propriedade tem ainda outra propriedade em si: é que se não for utilizada para nos explorar, perderá para ele todo o valor. Só enquanto permanecer como nosso instrumento de trabalho terá valor para ele. Quando não for mais a nossa ferramenta, não passará de ferro velho, de sucata. Ele com sua propriedade também depende de nós.

PELAGEA WLASSOWA — Muito bem, como vocês pretendem provar isso a ele, que ele também depende de vocês?

ANDREJ — Se ele, Pawel Wlassow, chegar para o sr. Suchlinow e disser: Sr. Suchlinow, sem mim a sua fábrica não passa de um monte de ferro velho, e portanto o senhor não pode reduzir o meu salário quando lhe der na telha, o sr. Suchlinow vai morrer de rir e vai botar o Wlassow para fora. Mas se todos os Wlassows em Twer, oitocentos Wlassows, estiverem lá, dizendo a mesma coisa, aí o sr. Suchlinow não vai mais rir.

PELAGEA WLASSOWA — É isso a sua greve?

PAWEL — É. Isso é a nossa greve.

PELAGEA WLASSOWA — E era isso que estava nos panfletos?

PAWEL — Era isso que estava nos panfletos.

PELAGEA WLASSOWA — Uma greve é uma coisa muito ruim. Com o que eu vou cozinhar, como vai ser com o aluguel? Amanhã de manhã vocês não vão ao trabalho; e à noite, como será? E como será a próxima semana? Mas bem, nós havemos de qualquer modo de nos arranjar. Mas se o folheto só falava da greve, por que então a polícia prende as pessoas? O que tem a polícia a ver com isso?

PAWEL — Pois é, mãe, é o que nós lhe perguntamos: o que tem a polícia a ver com isso?

PELAGEA WLASSOWA — Se a nossa greve diz respeito ao sr. Suchlinow, então a polícia não tem nada a ver com ela. Com certeza deve ter havido algum mal-entendido. Devem ter acreditado que vocês fossem praticar violências. O que vocês precisam é mostrar a toda a cidade que a sua disputa com a direção é justa e pacífica. Isso causaria uma grande impressão.

IWAN — Isso é o que queremos fazer, sra. Wlassowa. No dia 1º de maio, dia internacional da luta dos trabalhadores, em que todas as fábricas em Twer se manifestam pela causa operária, levaremos cartazes convidando todas as fábricas a aderirem à nossa luta pelo copeque.

PELAGEA WLASSOWA — Se vocês marcharem ordeiramente pelas ruas, apenas com seus cartazes, ninguém poderá censurá-los.

ANDREJ — Nós não acreditamos que o sr. Suchlinow vá permitir.

PELAGEA WLASSOWA — Mas ele tem que permitir.

IWAN — A polícia com certeza irá impedir a manifestação.

PELAGEA WLASSOWA — Mas o que tem a polícia a ver com esse Suchlinow? A polícia está acima de nós, mas também esta acima destes senhores Suchlinow.

PAWEL — Você acredita, mãe, que a polícia não irá interromper uma manifestação pacífica?

PELAGEA WLASSOWA — Acredito. Não se trata de violência. Nunca estaremos de acordo com a violência. Você sabe que há um Deus no céu em quem eu acredito. Eu não quero saber de violência.

Durante quarenta anos eu aprendi que nada se pode fazer contra ela. Mas quando eu morrer, quero pelo menos nunca ter recorrido à violência.

## 5

## RELATÓRIO SOBRE 1º DE MAIO DE 1905

*Rua.*

PAWEL — Quando nós, operários das Fábricas Suchlinow, chegamos ao mercado de lã, nos encontramos com as colunas das outras fábricas que a esta altura eram já de vários milhares. Nós levávamos cartazes que diziam: operários, apóiem a nossa luta contra a redução dos salários! Operários, uni-vos!

IWAN — Nós marchávamos calma e ordeiramente. Cantávamos: "De pé, ó vítimas da fome" e "Irmãos, rumo ao sol, à liberdade". Nossa fábrica vinha imediatamente após a grande bandeira vermelha.

ANDREJ — Ao meu lado marchava Pelagea Wlassowa e atrás dela seu filho. De manhã cedo, quando o fomos buscar, ela apareceu pronta da cozinha e quando perguntamos o que queria, ela nos respondeu:

PELAGEA WLASSOWA — Ir com vocês.

ANTON — Tal como ela, muitos nos acompanhavam, os que o rigor do inverno, a redução dos salários nas fábricas e a nossa agitação tinham atraído. Antes de chegarmos à Avenida dos Redentores vimos poucos policiais e nenhum soldado, mas na esquina com Twerskaja apareceram de repente duas divisões de soldados. Quando viram nossos cartazes e a nossa bandeira, ouviu-se um grito: Atenção! Dispersar! Vamos atirar. E ainda: Fora com a bandeira! Interrompemos nossa marcha.

PAWEL — Mas os que vinham atrás continuaram a avançar e os da frente não puderam parar e atiraram. Quando os primeiros retrocederam formou-se de novo uma grande confusão. Muitos não podiam acreditar que o que estavam vendo era verdadeiro. A seguir os soldados avançaram sobre a multidão.

PELAGEA WLASSOWA — Eu tinha ido junto para apoiar a causa dos operários. As pessoas que estavam marchando eram pacíficas e ordeiras, gente que trabalhara a vida inteira. Por certo havia desesperados, que o desemprego tornara capazes de tudo, e também famintos, que estavam tão fracos que não podiam se defender.

ANDREJ — Seguíamos sempre à frente e não nos dispersamos quando os tiros começaram.

PAWEL — Nós tínhamos nossa bandeira, Smilgin vinha com ela, e não pretendíamos deixá-la. E então nos olhamos e sem nos falarmos sentimos que era fundamental que nos atingissem e abatessem e que nos arrancassem a nossa bandeira, a bandeira vermelha. Todos os operários precisavam nos reconhecer, precisavam ver quem somos e por quem somos, que somos pelos operários.

ANDREJ — Os que vinham contra nós portavam-se como feras. Porque eles recebiam a sua subsistência dos Suchlinows.

MASCHA — Finalmente, todos acabariam vendo e a nossa bandeira, a bandeira vermelha, deveria ser levantada bem alto, à vista de todos, não apenas dos soldados mas de todos os demais.

IWAN — Aos que não vissem deveria ser contado, ainda hoje ou amanhã, ou nos próximos anos, até ela voltar a ser vista. Pois acreditávamos então e muitos sabiam, como nós, nesse instante, que ela voltaria sempre a ser vista durante a grande transformação já em curso: a nossa bandeira, a mais ameaçadora para todos os exploradores e tiranos, a mais implacável.

ANTON — Mas, para nós operários, a definitiva!

TODOS —

Por isso de novo a verão
Quer queiram quer não
Por bem ou por mal

Dependendo do lugar
Nesta luta
Que só admite um final
A vitória completa
De todos os oprimidos
De todo o mundo.

PELAGEA WLASSOWA — Mas nesse dia quem levava a bandeira era o operário Smilgin.

SMILGIN — Meu nome é Smilgin. Eu faço parte do movimento há vinte anos. Eu fui um dos primeiros a divulgar os ideais revolucionários na fábrica. Nós lutávamos por melhores salários e condições de trabalho. Por isso negociei várias vezes com a empresa no interesse dos meus companheiros. A princípio com franca hostilidade, mas depois, confesso, pensei haver um caminho mais fácil. Se nós aumentássemos a nossa influência, pensei, poderíamos determinar as coisas. Isso era inteiramente falso. Agora estou aqui, atrás de mim já são vários milhares, mas aí está de novo a violência, diante de nós. Devemos entregar a bandeira?

ANTON — Não a entregue, Smilgin. É inútil negociar, dissemos. E Pelagea Wlassowa lhe disse:

PELAGEA WLASSOWA — Você não tem por que entregá-la, nada poderá te acontecer. A polícia não pode fazer nada contra uma demonstração pacífica.

MASCHA — E neste exato momento um policial nos gritou: Entreguem a bandeira!

IWAN — E Smilgin olhou para trás e por trás da sua bandeira os nossos cartazes e nos cartazes as nossas soluções. E atrás dos cartazes estavam os grevistas das fábricas Suchlinow. E nós vimos então o que ele, ao nosso lado, um de nós, fazia com a bandeira.

PAWEL — Vinte anos no movimento, operário, revolucionário, no dia 1º de maio de 1905, às 11 horas da manhã na esquina da Avenida dos Redentores, no instante decisivo, ele disse:

SMILGIN — Eu não vou entregá-la. Não haverá negociações.

ANDREJ — Muito bem, Smilgin, dissemos. Isso é o certo. Está tudo em ordem.

IWAN — Sim, disse ele, e tombou sobre o próprio rosto, pois eles o tinham abatido.

ANDREJ — E correram para ele quatro, cinco homens, para pegar a bandeira. Mas a bandeira tombara ao seu lado. Então a nossa Pelagea Wlassowa, a tranqüila, a serena camarada curvou-se e agarrou a bandeira.

PELAGEA WLASSOWA — Dê-me a bandeira aqui, Smilgin, disse eu. Dê-me aqui! Agora sou eu a levá-la. As coisas ainda vão mudar.

## 6

*Casa do professor Wessowtschikow em Rostow*

### a

IWAN WESSOWTSCHIKOW LEVA PELAGEA WLASSOWA, APÓS A PRISÃO DE SEU FILHO, À CASA DE SEU IRMÃO NIKOLAI, O PROFESSOR.

IWAN — Nikolai Iwanowitsch. Aqui trago a mãe do nosso Pawel, Pelagea Wlassowa. Seu filho foi preso durante os incidentes na demonstração do 1º de maio. Por isso foi despejada de sua velha casa e nós prometemos a ele colocá-la em segurança. A sua casa é insuspeita. Ninguém pode afirmar que você alguma vez teve qualquer ligação com o movimento revolucionário.

O PROFESSOR WESSOWTSCHIKOW — Isso é verdade. Sou professor e perderia meu emprego se, como você, andasse correndo atrás de quimeras.

IWAN — Apesar disso eu espero que você receba aqui a sra. Wlassowa, que não tem onde pousar. Seria um favor feito a mim, ao seu irmão.

O PROFESSOR — Não tenho nenhuma razão para lhe fazer qualquer favor. Eu desaprovo tudo o que você faz. Completamente. É tudo um absurdo. Já lhe mostrei isso muitas vezes. Mas nada disso lhe diz respeito, sra. Wlassowa. Compreendo a sua situação delicada. Além disso, estou mesmo precisando de uma governanta. A senhora mesma pode ver que tudo por aqui está uma grande desordem.

IWAN — Você terá, naturalmente, de lhe dar algum dinheiro pelo trabalho. Ela precisa de vez em quando mandar alguma coisa para o filho.

O PROFESSOR — Claro, claro. Mas eu só poderia lhe pagar um ordenado muito pequeno, sra. Wlassowa.

IWAN — Ele entende tanto de política quanto esta cadeira, mas é boa gente.

O PROFESSOR — Você é um bestalhão, Iwan. Sra Wlassowa, na cozinha há um sofá, a senhora pode dormir lá. Vejo que trouxe a sua roupa. A cozinha é aqui, sra. Wlassowa.

*Pelagea Wlassowa vai com a sua trouxa para a cozinha e começa a acomodar-se.*

IWAN — Eu lhe agradeço, Nikolai Iwanowitsch, e peço que cuide dela. Tão cedo ela não deve se meter de novo com política. Esteve envolvida na confusão do 1º de maio e é bom que fique tranqüila agora. Ela está preocupada com o destino do filho. Você fica responsável por ela.

O PROFESSOR — Eu não vou envolvê-la em política, como vocês fazem.

## b

## O PROFESSOR SURPREENDE SUA GOVERNANTA EM PLENA AGITAÇÃO

*Na cozinha Pelagea Wlassowa está sentada com os vizinhos ao seu redor.*

MULHER — Ouvimos dizer que o comunismo é um crime.

PELAGEA WLASSOWA — Isto não é verdade. O comunismo é bom para nós. O que se pode dizer contra o comunismo? *Ela canta* —

ELOGIO DO COMUNISMO

Ele é razoável. Todos o compreendem. Ele é simples.
Você, por certo, não é nenhum explorador. Você pode entendê-lo.
Ele é bom para você. Informe-se sobre ele.
Os idiotas dizem-no idiota e os porcos dizem-no porco.

Ele é contra a sujeira e contra a estupidez
Os exploradores dizem-no um crime
Mas nós sabemos
Que ele é o fim dos crimes
Ele não é uma loucura e sim
O fim da loucura.
Não é o caos e sim
Uma nova ordem.
Ele é a simplicidade
O difícil de fazer.

MULHER — Por que então todos os trabalhadores não vêem isso?

O DESEMPREGADO SIGORSKI *cita* — Porque eles precisam ser mantidos na ignorância de que são explorados e de que isso é um crime. E de que é possível pôr um fim a esse crime.

*Eles se calam porque o Professor entra no aposento ao lado.*

O PROFESSOR — Eu estou chegando do bar e ainda estou cansado, com a cabeça cheia de mais uma discussão idiota com o idiota do Sachar que sempre me contradiz, quando é óbvio que eu estou certo. Como é bom o sossego destas quatro paredes. Acho que vou tomar um escalda-pés enquanto leio o jornal.

PELAGEA WLASSOWA *entrando* — Ué, já está de volta, Nikolai Iwanowitsch?

O Professor — Sim, e peço, por favor, que me prepare um banho bem quente para os pés. Vou tomá-lo na cozinha.

Pelagea Wlassowa — É muito bom que o senhor tenha chegado, Nikolai Iwanowitsch, muito bom, porque o senhor tem que sair de novo. A vizinha acaba justamente de me dizer que o seu amigo Sachar Smerdjakow esteve aqui há uma hora. Mas ele não quis deixar qualquer recado. Parece que é assunto muito pessoal e urgente.

O Professor — Sra. Wlassowa, eu estive com meu amigo Sachar Smerdjakow a noite inteira.

Pelagea Wlassowa — Ah, é? Mas a cozinha está desarrumada, Nikolai Iwanowitsch. Há roupa dependurada. *Murmúrios na cozinha.*

O Professor — Desde quando a minha roupa fala enquanto seca e — *aponta para o samovar que ela traz nas mãos* — desde quando as minhas camisas bebem chá?

Pelagea Wlassowa — Eu devo confessar, Nikolai Iwanowitsch, que nos sentamos a conversar enquanto tomávamos uma xícara de chá.

O Professor — Hum. E quem são essas pessoas?

Pelagea Wlassowa — Não sei se é gente que vá lhe agradar, Nikolai Iwanowitsch. Não é uma gente especialmente rica.

O Professor — Ah-ah. Então vocês estão de novo falando de política. O desempregado Sigorski está junto?

Pelagea Wlassowa — Está, e sua mulher e seu irmão com o filho e o seu tio e a sua tia. São pessoas muito sensatas e com certeza seguiriam as suas observações com interesse.

O Professor — Sra. Wlassowa, eu já não lhe observei no tempo devido que não queria reuniões políticas em minha casa? E agora eu chego cansado do bar e encontro a minha cozinha cheia de política. Estou surpreso, sra. Wlassowa, deveras surpreso.

PELAGEA WLASSOWA — Nikolai Iwanowitsch, eu lamento muito tê-lo desapontado, mas era preciso. Eu lhes contava sobre o 1º de maio. Eles não sabem quase nada sobre isso.

O PROFESSOR — O que é que a senhora sabe sobre política, sra. Wlassowa? Hoje à noite mesmo eu disse ao meu amigo Sachar, um homem muito inteligente: "Sachar Smerdjakow, política é a coisa mais perigosa e obscura que há sobre a terra".

PELAGEA WLASSOWA — Decerto o senhor está muito cansado e tenso. Mas se o senhor ainda tivesse algum tempo, nós todos concordamos hoje à noite que o senhor poderia nos esclarecer muitas coisas, até mesmo em relação ao 1º de maio, que parecem muito complicadas.

O PROFESSOR — Eu não tenho, com certeza, nenhuma vontade de discutir com o desempregado Sigorski. O máximo que poderia fazer seria dar a vocês algumas noções de política. Mas na verdade, sra. Wlassowa, me preocupa seriamente vê-la em companhia de uma gente tão suspeita. Traga-me por favor o samovar, um pouco de pão e alguns pepinos.

*Entram para a cozinha.*

C

PELAGEA WLASSOWA APRENDE A LER

O PROFESSOR *diante de um quadro-negro* — Então, vocês querem aprender a ler. Na verdade não consigo compreender para que vocês precisam disso, na sua situação. E alguns de vocês estão, talvez, velhos demais para isso. Mas eu vou tentar, sra. Wlassowa, em atenção à senhora. Todos têm com que escrever? Então vou escrever agora três palavras simples: Ramo. Peixe. Ninho. Repetindo: Ramo. Peixe. Ninho.

SIGORSKI — Para que essas palavras?

PELAGEA WLASSOWA *sentada com outros à mesa* — Por favor, Nikolai Iwanowitsch, precisam ser mesmo ramo, peixe e ninho? Nós já estamos velhos e precisamos, assim, aprender depressa as palavras que nos sejam úteis.

O PROFESSOR *sorri* — Olhem: tanto faz aprender com estas ou outras palavras.

PELAGEA WLASSOWA — Como assim? Como se escreve, por exemplo, operário? Isso interessa ao nosso Sigorski.

SIGORSKI — Ramo não aparece nunca.

PELAGEA WLASSOWA — Ele é metalúrgico.

O PROFESSOR — Mas aparecem as letras.

O OPERÁRIO — Mas em "luta de classe" também aparecem as letras.

O PROFESSOR — Sei, mas vocês têm de começar pelo mais simples, e não direto com as palavras mais difíceis. "Ramo" é simples.

SIGORSKI — "Luta de classes" é muito mais fácil.

O PROFESSOR — Mas não existe luta de classes nenhuma. É bom que isso fique claro de uma vez por todas.

SIGORSKI *levanta-se* — Então eu não tenho nada a aprender com o senhor, já que para o senhor não existe luta de classes!

PELAGEA WLASSOWA — Você precisa aprender a escrever. E isso você pode fazer aqui. Ler, isso é luta de classes!

O PROFESSOR — Acho isso tudo uma bobagem. O que vocês estão dizendo agora? Ler é luta de classes! Pra que tanta falação? *Escreve*. Portanto, isso significa: Operário. Copiem!

PELAGEA WLASSOWA — Ler é luta de classes, assim penso eu: se os soldados em Twer pudessem ter lido os nossos cartazes, talvez não tivessem atirado em nós. Eles eram filhos de camponeses.

O PROFESSOR — Olhem, eu sou professor e há dezoito anos que ensino a ler e escrever, mas devo lhes dizer uma coisa: no fundo tudo isso é absurdo. Livros são absurdos. Os homens se tornam sempre piores. Um simples camponês já é um homem melhor, simplesmente por não estar corrompido pela civilização.

PELAGEA WLASSOWA — E como se escreve então luta de classes? Pawel Sigorski, você precisa apoiar a mão com firmeza, senão você treme e a letra fica ilegível.

O PROFESSOR *escreve* — Luta de classes. *Para Sigorski* — O senhor precisa escrever numa linha certa e não sobre a margem. Quem escreve sobre a margem também transgride as leis. Há gerações e gerações se vêm acumulando conhecimentos e escrevendo livros sobre livros. E a técnica avançou como nunca. E para que tudo isso? Nunca a confusão foi tão grande. Devia-se atirar todos esses trastes no mar, onde ficassem bem no fundo, todos os livros e máquinas no Mar Negro. Resistam ao saber! Já estão prontos? Às vezes passo horas mergulhando em profunda melancolia. Então eu pergunto: os pensamentos verdadeiramente grandes, aqueles que superam o aqui e o agora para abarcarem o sempre e o eterno, o que a humanidade tem simplesmente de universal, têm algo a ver com a luta de classes?

SIGORSKI *resmungando* — Tais pensamentos não servem para nada. Enquanto mergulham em sua melancolia, nos exploram do mesmo jeito.

PELAGEA WLASSOWA — Fica quieto, Pawel Sigorski! Por favor, e como se escreve exploração?

O PROFESSOR — Exploração! Isso só existe nos livros. Como se eu alguma vez houvesse explorado alguém! *Escreve.*

SIGORSKI — Ele só diz isso porque não ganha nada do saque.

PELAGEA WLASSOWA *para Sigorski* — O "o" de "opressão" é igual ao "o" de "operário".

O PROFESSOR — O saber não ajuda nada. A bondade ajuda.

PELAGEA WLASSOWA — Se você já não precisa do saber, passe-o para cá.

ELOGIO DA APRENDIZAGEM

*Cantado pelos operários estudantes —*

Aprende o simples, para quem
é chegada a hora
Nunca é tarde demais!
Aprende o ABC, não basta, mas
Aprende! Não desanime
Começa! Você tem de saber tudo!
Você tem de assumir o poder.

Aprende, homem no asilo!
Aprende, homem na prisão!
Aprende, mulher na cozinha!
Aprende, sexagenário!
Você tem de assumir o poder.
Procura a escola, desabrigado!
Procura o saber, se tens frio!
Faminto, agarra o livro: é sua arma.
Você tem de assumir o poder.

Não tema a pergunta, camarada!
Não se deixe convencer
Veja com seus olhos!
O que você mesmo não vê
Você não sabe.
Verifique a conta.
Você terá de pagá-la.
Coloque o dedo em cada parcela
E pergunte: como apareceu?
Você tem de assumir o poder.

PELAGEA WLASSOWA *levanta-se* — Por hoje basta. Nós não podemos mais guardar tanta coisa de uma só vez. Senão o nosso Pawel Sigorski passa de novo a noite toda sem dormir. Nós lhe agradecemos, Nikolai Iwanowitsch. Nós só podemos lhe dizer que o senhor nos ajuda muito nos ensinando a ler e a escrever.

O Professor — Não creio. Mas não quero dizer com isso que as suas opiniões careçam de sentido. Eu voltarei ao assunto na nossa próxima aula.

## d

## IWAN WESSOWTSCHIKOW NÃO RECONHECE MAIS SEU IRMÃO

Iwan — Os camaradas aqui em Rostow falaram-me de seu trabalho, Pelagea Nilowna — e também de seus erros. Eles me encarregaram de lhe entregar uma coisa: o seu livro do partido.

Pelagea Wlassowa — Eu lhes agradeço. *Ela o aceita.*

Iwan — O Pawel lhe escreveu?

Pelagea Wlassowa — Não. Estou muito preocupada com ele. O pior é que eu nunca sei o que está fazendo ou o que estão fazendo com ele. Eu nunca sei, por exemplo, se eles lhe dão comida suficiente, ou se não está sentindo frio. Será que lá eles têm cobertores suficientes?

Iwan — Em Odessa havia cobertores.

Pelagea Wlassowa — Mas eu estou orgulhosa de Pawel. Eu tenho sorte: tenho um filho que é necessário. *Recita —*

### ELOGIO DO REVOLUCIONÁRIO

Alguns são demais.
Se estão longe, é melhor
Mas se ele não está, faz falta.

Quando a repressão aumenta
Muitos se acovardam
Nele cresce a coragem.
Ele organiza-lhes a luta

Por mais um tostão, pela água do chá
E pelo poder do Estado.

Ele pergunta ao capital:
De onde você vem?
Às idéias indaga:
A quem estão servindo?

Onde sempre se calam
Ali ele falará
Onde a repressão aumenta e por destino
É chamada
Ele a chamará repressão.

Onde se senta à mesa
Aí se senta a insatisfação.
A comida se torna pior
E pequeno o espaço.

Aonde o perseguem, ali
Chega a revolta e de onde o expulsam
Resta sempre a inquietação.

O Professor *entrando* — Bom dia, Iwan.

Iwan — Bom-dia, Nikolai.

O Professor — Eu me alegro de lhe ver ainda em liberdade.

Iwan — Vim outra vez visitar Pelagea Wlassowa e trazer-lhe alguns jornais dos nossos. *O Professor agarra as folhas.* As prisões foram muito ruins para o movimento. Ssidor e Pawel, por exemplo, sabem muitos dos endereços de camponeses que precisam ler os nossos jornais.

Pelagea Wlassowa — Compreendo. Nós já havíamos conversado sobre isso. É preciso falar com todos os camponeses.

O Professor — Será preciso falar com muitas pessoas. Cento e vinte milhões de camponeses, isso é impossível. Não haverá de forma alguma uma revolução nesta terra e com esta gente. Os russos jamais farão uma revolução. Isso é uma coisa para o Ocidente. Os alemães sim, são revolucionários, eles farão uma revolução.

IWAN — Diz-se que em algumas províncias os camponeses destruíram propriedades e estão ocupando as terras dos senhores. Eles confiscaram o trigo e outros alimentos e estão repartindo entre os que têm fome. Os camponeses estão em movimento.

O PROFESSOR — Mas o que significa isso? *Para Pelagea Wlassowa* — A senhora deve ler o que os autores progressistas do século passado escreveram sobre a psicologia do camponês russo.

PELAGEA WLASSOWA — Com prazer. Eu já pude ler o material sobre o terceiro congresso do partido graças às lições de Nikolai Iwanowitsch, que me ensinou a ler e a escrever.

O PROFESSOR — Esta é mais uma das loucuras do seu Lenin: querer convencer o proletariado de que deve assumir o comando da revolução. Estas teorias vão acabar com as últimas possibilidades de realizar uma revolução. Assustam a burguesia progressista e, com isso, simplesmente a impedem de fazer a revolução.

IWAN — Que pensa disso, Pelagea Nilowna?

PELAGEA WLASSOWA — Liderar é muito difícil. Já o metalúrgico Sigorski me dá nos nervos com a sua teimosia e com a gente culta não adianta argumentar.

O PROFESSOR — Vocês não poderiam escrever algo mais agradável em seu jornal? Assim não há quem possa lê-lo.

PELAGEA WLASSOWA — A gente não lê jornal para se divertir, Nikolai Iwanowitsch.

*Iwan ri.*

O PROFESSOR — O que é que há?

IWAN — Onde você pendurou aquele belo retrato do Tzar? A sala parece tão vazia.

O Professor — Eu resolvi tirá-lo por algum tempo. É muito cansativo estar sempre olhando a mesma coisa. A propósito, por que não há nada em seus jornais sobre os escândalos nas escolas?

Iwan — Eu acho apenas que você não pode ter retirado o quadro só porque ele é cansativo.

Pelagea Wlassowa — Mas não diga isso. O Nikolai Iwanowitsch gosta sempre de algo novo.

Iwan — Ah, bom.

O Professor — De qualquer modo eu não gosto que me tomem por um idiota. Eu fiz uma pergunta a respeito do jornaleco aí de vocês.

Iwan — Eu não consigo me lembrar, Nikolai, de você mudando alguma coisa em sua casa. Só a moldura deve ter custado uns doze rublos.

O Professor — Neste caso eu posso voltar a pendurar a moldura. Você sempre me tomou por um idiota, quando você mesmo não passa de um idiota.

Iwan — Eu estou surpreso, Nikolai: os seus discursos demagógicos e a sua atitude de desprezo por nosso Tzar me espantam. Você parece ter-se transformado num agitador. Também seu olhar ficou tão resoluto. É até perigoso olhá-lo cara a cara.

Pelagea Wlassowa — Não aborreça o seu irmão! Ele é uma pessoa muito sensata. Eu lhe recordei o domingo sangrento do Tzar em conversas. Ensinando a tantas crianças é importante o que ele lhes diga sobre a situação. Além disso ele nos ensinou a ler e a escrever.

Iwan — É de se esperar que você também tenha aprendido alguma coisa enquanto ensinava.

O Professor — Não. Não aprendi nada. Esta gente ainda entende muito pouco de marxismo. Não quero ofendê-la, sra. Wlassowa.

Na verdade é coisa muito complexa e, sem muita instrução, difícil de entender. O estranho em tudo isso é que justo as pessoas que jamais o entenderão é que o devoram como a pães quentes. O marxismo em si não é mau. Tem até mesmo a seu favor muito de positivo, embora tenha também muitas lacunas e Marx veja as coisas de maneira totalmente equivocada em alguns pontos decisivos. Eu poderia dizer muito mais sobre esse tema. Naturalmente que a economia é importante, mas não apenas a economia. Ela é importante, também. E a Sociologia? E para mim, a Biologia, por exemplo, promete outro tanto. Eu pergunto: onde está o ser humano universal nessa doutrina? O homem permanecerá sempre igual a si mesmo.

PELAGEA WLASSOWA *para Iwan* — Mas ele já se modificou bastante, não é?

IWAN — Sra. Wlassowa, não estou mais reconhecendo meu irmão.

## 7

## PELAGEA WLASSOWA VISITA SEU FILHO NA PRISÃO

*Prisão.*

PELAGEA WLASSOWA — O vigilante vai ficar de olho, mas apesar disso eu tenho de conseguir o endereço dos camponeses que pediram o nosso jornal. Espero guardar de cabeça todos os nomes.

*O Guarda introduz Pawel.*

PELAGEA WLASSOWA — Pawel!

PAWEL — Como vai, mãe?

GUARDA — Vocês têm de sentar-se a uma boa distância um do outro. Ali e ali. Não é permitido falar em política.

PAWEL — Vamos então falar sobre a casa, mãe!

PELAGEA WLASSOWA — Sim, Pawel!

PAWEL — Arranjou onde ficar?

PELAGEA WLASSOWA — Na casa do professor Wessowtschikow.

PAWEL — Eles a tratam bem?

PELAGEA WLASSOWA — Tratam. Mas você, como está?

PAWEL — Já estava me preocupando que não pudessem lhe dar apoio suficiente.

PELAGEA WLASSOWA — Sua barba cresceu.

PAWEL — É. Estou parecendo um pouco mais velho, não?

PELAGEA WLASSOWA — Eu também fui ao enterro do Smilgin. A polícia voltou a nos agredir e a fazer algumas prisões. Nós estávamos todos lá.

GUARDA — Isso é política, sra. Wlassowa!

PELAGEA WLASSOWA — Ah, é? De verdade? Já não se sabe mais sobre o que falar.

GUARDA — Então a sua visita é inútil. A senhora não tem nada para dizer, mas vem para cá só para nos perturbar. O responsável aqui sou eu.

PAWEL — A senhora ajuda no serviço da casa?

PELAGEA WLASSOWA — Também. Wessowtschikow e eu pensamos em partir para o campo na próxima semana.

PAWEL — O professor?

PELAGEA WLASSOWA — Não.

PAWEL — Vocês vão descansar?

PELAGEA WLASSOWA — Vamos. *Falando baixo* — Nós precisamos dos endereços. *Falando alto* — Pawel, nós sentimos tanto a sua falta.

PAWEL — Eu engoli os endereços quando fui preso, só sei alguns de cor.

PELAGEA WLASSOWA — Oh, Pawel, eu nunca pensei que iria passar minha velhice desse jeito.

PAWEL *falando baixo* — Luschin, em Pirogowo.

PELAGEA WLASSOWA *falando baixo* — E em Krapiwna? *Falando alto* — Você me preocupa tanto!

PAWEL *falando baixo* — Sulinowski.

PELAGEA WLASSOWA — Eu rezo tanto por você. *Falando baixo* — Sulinowski em Krapiwna. *Falando alto* — Passo as minhas noites sozinha, sentada sob o lampião.

PAWEL *falando baixo* — Terek em Tobraja.

PELAGEA WLASSOWA — E o professor Wessowtschikow já está se queixando de tanto incômodo.

PAWEL *falando baixo* — E com eles vocês conseguem os outros endereços.

GUARDA — O tempo de visita acabou.

PELAGEA WLASSOWA — Só mais um minuto, caro senhor. Eu estou tão confusa. Ah, Pawel, que resta a nós os velhos senão desaparecer para que não nos vejam mais. Só assim deixaremos de ser um estorvo. Não servimos para nada. *Falando baixo* — Luschin em Pirogowo. *Falando alto* — Sempre nos fazem ver que a nossa hora chegou. Que já não nos resta mais nada. Que o que sabemos é passado. *Falando baixo* — Sulinowski em Tobraja. *Pawel nega com a cabeça.* Em Krapiwna. *Falando alto* — Nossas experiências não servem para nada. Entre nós e nossos filhos existe um abismo. Intransponível. *Falando baixo* — Terek em Tobraja. *Falando alto* — Nós não temos nada em comum. O tempo que se aproxima é de vocês.

GUARDA — É, mas o tempo de visita está terminando.

PAWEL *inclina-se* — Adeus, mãe.

PELAGEA WLASSOWA *inclinando-se também* — Adeus, Pawel.

CANÇÃO

*Cantada pelo intérprete de Pawel* —

Eles têm códigos e decretos
Eles têm prisões e fortalezas
(Sem contar seus reformatórios!)
Eles têm carcereiros e juízes
Que fazem o que mandam por trinta dinheiros.
Sim, e para quê?
Será que eles pensam que nós, como eles,
Seremos destruídos?
Seu fim será breve e eles hão de notar
Que nada poderá ajudá-los.

Eles têm jornais e impressoras
Para nos combater e amordaçar
(Sem contar seus estadistas!)
Eles têm professores e sacerdotes
Que fazem o que mandam por trinta dinheiros.
Sim, e para quê?
Será que precisam a verdade temer?
Seu fim será breve e eles hão de notar
Que nada poderá ajudá-los.

Eles têm tanques e canhões
Granadas e metralhadoras
(Sem contar seus cassetetes!)
Eles têm polícias e soldados
Que por pouco dinheiro estão prontos a tudo.
Sim, e para quê?
Terão inimigos tão fortes?
Eles pensam que podem parar
A sua queda, na queda, impedir.
Um dia, e será para breve

Verão que nada poderá ajudá-los
E de novo bem alto gritarão: Parem!
Pois nem dinheiro nem canhões
Poderão mais salvá-los.

# 8

## NO VERÃO DE 1905 O PAÍS FOI ABALADO POR REVOLTAS DE CAMPONESES E GREVES DE TRABALHADORES RURAIS

### a

*Estrada rural.*

*Pelagea Wlassowa, que chega acompanhada por dois trabalhadores, é apedrejada. Seus companheiros põem-se em fuga.*

PELAGEA WLASSOWA, *com um grande galo na testa, para os que a apedrejaram* — Por que vocês nos apedrejam?

JEGOR LUSCHIN — Porque vocês são fura-greves.

PELAGEA WLASSOWA — Ah, nós somos fura-greves? Por isso estamos tão apressados? E onde é a greve?

JEGOR — Na fazenda das Smirnowschen.

PELAGEA WLASSOWA — E vocês são os grevistas? Pelo meu galo já deu pra notar. Não sou nenhuma fura-greves. Eu vim de Rostow e quero falar com um trabalhador da fazenda. Ele se chama Jegor Luschin.

JEGOR — Luschin sou eu.

PELAGEA WLASSOWA — Pelagea Wlassowa.

JEGOR — É você que aqui em Bezirk chamam de "A Mãe"?

PELAGEA WLASSOWA — Sou. Eu trouxe nossos jornais para vocês. Nós não sabíamos que estavam em greve, mas vejo que a luta de vocês é renhida. *Dá os jornais para Luschin.*

JEGOR — Desculpe pelo galo que lhe fizemos. Nossa greve vai mal. Com você vieram fura-greves da cidade e amanhã mais uma leva é esperada. Nós não temos o que comer, mas para eles o açougueiro já matou porcos e vitelas. Pela fumaça que sai da chaminé você pode ver como a cozinha da fazenda trabalha para os fura-greves.

PELAGEA WLASSOWA — É mesmo uma vergonha.

JEGOR — O pessoal do corte, da padaria e da leiteria naturalmente não estão em greve.

PELAGEA WLASSOWA — Por que não? Vocês falaram com eles?

JEGOR — Não tinha nenhum sentido. Por que haveriam de aderir à greve? Desta vez, só o nosso salário foi reduzido.

PELAGEA WLASSOWA — Me dê os jornais novamente. *Ela divide os jornais em dois pacotes e devolve a ele apenas um.*

JEGOR — E os outros? Por que não nos dá todos?

PELAGEA WLASSOWA — Os outros vão para o açougue, a padaria e a leiteria da fazenda. Os que lá estão também são trabalhadores e tem de se falar com eles. Onde existir um trabalhador, nem tudo está perdido.

JEGOR — Não vale a pena! *Sai.*

PELAGEA WLASSOWA — Assim nos destruímos, trabalhador contra trabalhador, e o explorador se ri de nós.

b

*Cozinha da fazenda.*

*Sentados à mesa dois fura-greves comem e conversam com o açougueiro.*

UM FURA-GREVES *ruminando para o outro*: — Quem abandona a sua terra na hora do perigo não passa de um canalha! E um trabalhador que faz greve abandona a sua terra.

AÇOUGUEIRO *cortando a carne* — A sua terra, como?

PRIMEIRO FURA-GREVES — Eles são russos e aqui é a Rússia. E a Rússia é dos russos.

AÇOUGUEIRO — Ah, verdade?

PRIMEIRO FURA-GREVES — Claro! Quem não sente isso — a carne não está bem passada —, a esses não adianta explicar. Mas bem que se pode estourar os miolos.

AÇOUGUEIRO — Certo!

PRIMEIRO FURA-GREVES — Esta mesa é a pátria, a carne é a pátria.

AÇOUGUEIRO — Mas não está bem passada.

SEGUNDO FURA-GREVES — O lugar onde estou sentado é a pátria. E você, veja bem — *ao Açougueiro* —, você também é um pedaço da pátria!

AÇOUGUEIRO — Mas eu também não estou bem passado.

PRIMEIRO FURA-GREVES — Todos têm de defender a sua pátria.

AÇOUGUEIRO — É, desde que seja sua!

SEGUNDO FURA-GREVES — Isto é bem desse materialismo de merda.

AÇOUGUEIRO — No teu cu!

*A Mulher do Açougueiro conduz Pelagea Wlassowa para dentro, que exagera muito o ferimento na cabeça.*

A MULHER DO AÇOUGUEIRO — Sente-se aqui! Eu vou lhe fazer uma compressa quente, e depois a senhora come alguma coisa e assim se recupera do susto. *Para os outros* — Deram uma pedrada na coitada.

PRIMEIRO FURA-GREVES — Sim, esta é a mulher. Ela vinha conosco no trem.

SEGUNDO FURA-GREVES — Isso é coisa dos grevistas. Nós já estávamos muito preocupados com ela.

A MULHER DO AÇOUGUEIRO — Está se sentindo melhorzinha?

*Pelagea Wlassowa confirma com a cabeça.*

SEGUNDO FURA-GREVES — Graças a Deus.

A MULHER — Eles lutam como feras por um pouquinho de trabalho. Um galo desses! *Vai buscar água.*

PELAGEA WLASSOWA *para o público* — A compaixão que os galos despertam naqueles que os esperam é muito maior do que a que despertam naqueles que os fazem!

PRIMEIRO FURA-GREVES *indicando Pelagea Wlassowa com o garfo* — Esta mulher russa foi apedrejada por trabalhadores russos. É mãe, por acaso?

PELAGEA WLASSOWA — Sou.

PRIMEIRO FURA-GREVES — Uma mãe russa foi apedrejada!

AÇOUGUEIRO — Sim, com pedras russas. *Para os espectadores* — E para esta canalhada eu tenho de servir a minha bela sopa. *Para Pelagea Wlassowa* — Por que apedrejaram a senhora?

PELAGEA WLASSOWA *refrescando a testa com um pano úmido* — Eles me viram chegando junto com os fura-greves.

SEGUNDO FURA-GREVES — São uns patifes!

PELAGEA WLASSOWA — Eles são mesmo patifes? Eu estava pensando cá comigo que talvez não sejam patifes.

A MULHER — Mas então por que apedrejaram a senhora?

PELAGEA WLASSOWA — Porque eles pensaram que eu fosse uma canalha.

A MULHER — Mas como eles podiam pensar que a senhora era uma canalha?

PELAGEA WLASSOWA — Porque eles pensaram que eu fosse uma fura-greves.

AÇOUGUEIRO *rindo* — Então a senhora também acha que se deve apedrejar os fura-greves?

PELAGEA WLASSOWA — Sim, claro.

AÇOUGUEIRO *radiante, para sua mulher* — Dê comida para ela! Depressa, ela precisa comer! Dê-lhe dois pratos. *Aproxima-se de Pelagea Wlassowa.* Meu nome é Wassil Jefimowitsch! *Gritando para a Mulher* — E manda o pessoal entrar. Aqui eles podem aprender algo.

*O pessoal aparece à porta.*

AÇOUGUEIRO — Esta mulher foi apedrejada pelos grevistas. Ela tem um galo na cabeça. Aqui está ela. Eu apenas lhe perguntei: por que você tem esse galo? Ela disse: por que me tomaram por uma fura-greves. Eu perguntei: deve-se apedrejar os fura-greves? E o que ela me respondeu?

PELAGEA WLASSOWA — Sim.

AÇOUGUEIRO — Meus amigos, ao ouvir isso, eu disse: dêem-lhe de comer! Dêem-lhe dois pratos. *Para Pelagea Wlassowa* — Mas por que a senhora não come? Está muito quente? *Para a Mulher* — Precisava trazer a comida quente desse jeito? Assim ela vai queimar a boca!

PELAGEA WLASSOWA *afasta o prato* — Não, Wassil Jefimowitsch, a comida não está muito quente.

AÇOUGUEIRO — Então, por que a senhora não come?

PELAGEA WLASSOWA — Por que ela foi preparada para os fura-greves.

AÇOUGUEIRO — Para quem ela foi preparada?

PELAGEA WLASSOWA — Para os fura-greves.

AÇOUGUEIRO — Taí. Essa é interessante. Quer dizer que eu também sou um canalha. E por que eu sou um canalha? Porque eu apoio os fura-greves. *Para Pelagea Wlassowa* — Não é isso? *Senta-se junto dela.* Mas então a greve é um direito? Você acha que depende disto para ser feita? Do direito? *Pelagea assente.* Você acha que o salário foi reduzido e basta. Mas por que o salário não poderia ser rebaixado? Olhe bem, tudo o que você está vendo pertence ao sr. Smirnow, que mora em Odessa. Por que ele não pode reduzir os salários? *Enquanto os fura-greves dão mostras de assentimento.* O dinheiro não é dele? Você também acha que ele não pode uma vez nos pagar um salário de dois rublos e outra vez de dois copeques? É isso que você acha? Como foi no ano passado? Então, até o meu salário foi reduzido. *Para sua Mulher* — E que fiz eu a seu conselho? Nada! E o que acontecerá em setembro? Ele será de novo reduzido! De que então eu sou culpado? De traição às pessoas que não querem deixar que os seus salários sejam reduzidos. Mas, afinal, o que sou eu? *Para Pelagea Wlassowa* — Quer dizer que você não come a minha comida? Depois disto eu só podia esperar que uma pessoa decente viesse me jogar isto na cara: que uma pessoa decente não come a minha comida. Eu estou de saco cheio. Há muito tempo que eu estou de saco cheio. Mas faltava uma gota — *aponta para Pelagea Wlassowa* — para estourar. A raiva e o descontentamento não bastam. É preciso que sejam seguidos pela prática. *Para os fura-greves* — Digam ao sr. Smirnow que ele vai ter de mandar comida de Odessa. E ela vai fazer a gentileza de cozinhar para vocês, a porca.

A MULHER — Não fique assim tão irritado!

AÇOUGUEIRO — Não foi à toa que eu cozinhei em cantinas de fábricas. Larguei a porcaria da fábrica porque me irritava. *Enquanto a Mulher tenta acalmá-lo.* Pensei: vou para o campo, lá há decência, e o que encontro? Outro chiqueiro onde eu tenho de cevar fura-greves!

A MULHER — Mas podemos nos mudar de novo.

AÇOUGUEIRO — Muito bem, vamos mudar.

A MULHER — Você está fazendo a própria desgraça. Vamos acabar na miséria.

AÇOUGUEIRO *para os fura-greves* — Fora daqui, seus salvadores da pátria. Nós estamos em greve. O pessoal da cozinha está em greve. Rua! *Ele expulsa os fura-greves.* Como açougueiro aprendi que o último a rir sou eu e não o porco. *Põe os braços em volta dos ombros de sua Mulher e aproxima-se de Pelagea Wlassowa.* E agora vá lá fora e diga aos que a apedrejaram que a sopa para eles está pronta.

ELOGIO DA WLASSOWA

*Recitado pelo Açougueiro e por seu pessoal —*

Esta é a nossa camarada Wlassowa, boa lutadora.
Dedicada, astuta e firme.
Firme na luta, astuta contra nossos inimigos e dedicada
Na agitação. Seu trabalho é miúdo
Tenaz e imprescindível.
Onde quer que lute ela não está só.
Como ela lutam tenazes, firmes e astutas
Em Twer, Glasgow, Lyon e Chicago
Shangai e Calcutá
Todas as Wlassowas de todo o mundo, boas formigas
Soldados desconhecidos da revolução
Imprescindíveis.

# 9

# 1912. PAWEL REGRESSA DO EXÍLIO NA SIBÉRIA

*Casa do Professor Wessowtschikow.*

*Pelagea Wlassowa, Wassil Jefimowitsch e um jovem operário trazem uma máquina impressora para a casa do professor.*

O PROFESSOR — Pelagea Wlassowa, a senhora não pode instalar uma máquina de imprimir em minha casa. A isso se chama abusar da minha simpatia pelo movimento. A senhora sabe que eu teoricamente estou ao seu lado, mas isso é levar a coisa longe demais.

PELAGEA WLASSOWA — Será que eu estou entendendo direito, Nikolai Iwanowitsch: o senhor está de acordo com os nossos panfletos, lembro até que o senhor mesmo redigiu o último deles para os trabalhadores do município, mas é contra a sua impressão?

*Montam a impressora.*

O PROFESSOR — Não. Mas que os imprima aqui, isso eu sou contra.

PELAGEA WLASSOW *ofendida* — Já tomamos conhecimento, Nikolai Iwanowitsch.

O PROFESSOR — Sim. E?

O OPERÁRIO — Quando a Wlassowa enfia uma coisa na cabeça não há nada a fazer. Nós já tivemos grandes problemas com ela por isso. Mas acho que ninguém irá notar que estamos aqui.

PELAGEA WLASSOWA — Precisamos imprimir muito mais folhetos agora porque estão sendo constantemente confiscados.

*O Professor vai ler no quarto ao lado. Eles começam a imprimir, a máquina faz um barulho infernal. O Professor entra precipitadamente.*

PELAGEA WLASSOWA — Ela é um pouco barulhenta, não é?

O PROFESSOR — O candeeiro quase cai da parede em minha cabeça. É completamente impossível que vocês imprimam folhetos subversivos aqui e com tal barulheira.

PELAGEA WLASSOWA — Nikolai Iwanowitsch, nós também já notamos que a máquina é um pouco barulhenta.

WASSIL JEFIMOWITSCH — Se a gente tivesse alguma coisa para botar embaixo, nenhum vizinho ouviria nada. Tem alguma coisa para por embaixo, Nikolai Iwanowitsch?

O PROFESSOR — Não, eu não tenho nada.

PELAGEA WLASSOWA — Não falem assim tão alto! A vizinha me mostrou um pano de feltro que comprou para um casaco para os filhos. Eu vou lhe pedir emprestado. Não imprimam mais nada, por enquanto. *Sai para ir à casa da vizinha.*

WASSIL JEFIMOWITSCH *para o Professor* — Nikolai Iwanowitsch, é muito desagradável para nós que o senhor esteja aborrecido com ela.

OPERÁRIO — Na verdade nós a trouxemos para cá para que descansasse da política. Nós nunca teríamos montado aqui uma tipografia ilegal, Wassil Jefimowitsch. Mas ela quis e não houve jeito.

O PROFESSOR — Eu estou muito aborrecido. Eu desaprovo, por exemplo, que vocês ainda por cima a explorem. Há poucos dias cheguei em casa e ela estava com o seu velho porta-moedas e pescava os poucos copeques que tinha para pagar a quota.

WASSIL JEFIMOWITSCH — É, ninguém vai nos dar nada. A revolução é feita contra a miséria e ainda por cima custa dinheiro. A mãe é muito rigorosa com a cobrança das quotas. É outra metade de pão, costuma dizer, que temos de renunciar pela nossa causa. A nossa empresa precisa dar saltos adiante, diz, quando vem receber.

*Batem. Eles escondem a máquina. O Professor abre a porta.*

VOZ DE PAWEL *de fora* — Pelagea Wlassowa mora aqui? Meu nome é Pawel Wlassow.

O Professor — Seu filho!

Pawel *entrando* — Bom dia.

Todos — Bom dia.

Pawel — Onde está minha mãe?

O Professor — Está na vizinha.

Wassil Jefimowitsch — Ela já está voltando. Sua mãe nos contou que você esteve...

Pawel — Fora!

Wassil Jefimowitsch *ri* — Sim.

*Ouvem Pelagea Wlassowa que regressa.*

O Operário — Sente-se aqui. Queremos preparar você para sua mãe.

*Sentam Pawel numa cadeira em frente à porta e colocam-se à sua volta. Pelagea Wlassowa entra.*

Pelagea Wlassowa — Pawel! *Abraça-o.* Ele está cada vez mais magro! Eu já tinha pensado que eles não podiam te segurar lá por muito tempo. Como você conseguiu sair? Quanto tempo vai ficar aqui?

Pawel — Preciso seguir hoje à noite.

Pelagea Wlassowa — Mas você ainda pode tirar o casaco, não é?

*Pawel tira o casaco.*

O Professor — Eu ouço que vocês querem lutar pela liberdade, mas em seu partido sofrem a pior das escravidões. Nada mais que ordens e imposições!

Pelagea Wlassowa — Veja, Nikolai Iwanowitsch, é isso mesmo. Nós não temos tanta coisa assim contra essas ordens como o senhor. Nós precisamos muito delas. Nós temos, não leve a mal, mais coisas pela frente que o senhor. Com a liberdade acontece o mesmo que com o seu dinheiro, Nikolai Iwanowitsch. Desde que lhe dou menos para as despesas miúdas, o senhor pode comprar muito mais. Por um tempo gasta menos dinheiro, mas depois tem mais dinheiro para gastar. Isso o senhor não pode negar.

O Professor — Vou deixar de discutir com a senhora. É uma tirana terrível.

Pelagea Wlassowa — Sim, com certeza é preciso que sejamos.

Wassil Jefimowitsch — A senhora conseguiu o feltro? *Para Pawel* — O jornal tem de estar pronto até as oito horas!

Pawel — Então, toca a imprimir.

Pelagea Wlassowa *radiante* — Comecem logo com a impressão, talvez assim tenhamos mais tempo! Que dizem vocês disto: essa Marfa Alexandrowna negou na minha cara o pedido que lhe fiz! Sua desculpa é que o feltro é para o casaco dos filhos. Eu disse: "Marfa Alexandrowna, eu acabo de ver seus filhos saírem da escola. Com casacos!" "Casacos", disse ela, "aquilo lá não são casacos, não passam de farrapos remendados. Os colegas já se riem deles." "Marfa Alexandrowna", disse eu, "gente pobre têm casacos remendados. Me empreste o feltro, ao menos até amanhã de manhã. Garanto que isso será mais útil aos seus filhos do que qualquer casaco que fizer para eles." Mas ela era a própria irracionalidade. Não me deu mesmo. Vai entender essa gente! *Ela tira debaixo do avental alguns pedaços de feltro e coloca-os sob a máquina.*

O Professor — Mas o que é isto, então?

Pelagea Wlassowa — O feltro, ora!

*Todos riem.*

Wassil Jefimowitsch — Então por que se queixa tanto dessa Marfa Alexandrowna?

PELAGEA WLASSOWA — Porque ela me obrigou a roubá-lo, porque nós precisamos dele. E é muito bom para os seus filhos que jornais como o nosso sejam impressos. Esta é a grande verdade!

WASSIL JEFIMOWITSCH — Pelagea Wlassowa, nós lhe agradecemos pelo feltro em nome da revolução!

*Risos.*

PELAGEA WLASSOWA — Amanhã eu vou lá e devolvo. *Para Pawel que se sentara* — Você não quer um pedaço de pão?

WASSIL JEFIMOWITSCH *ao lado da máquina* — E quem tira as folhas, aqui?

*Pelagea Wlassowa vai para o lado da máquina; Pawel procura o pão.*

PELAGEA WLASSOWA — Procure na gaveta.

PAWEL — Não se preocupe comigo, até na Sibéria eu encontrei um pedaço de pão.

PELAGEA WLASSOWA — Vocês estão ouvindo, ele está me censurando. Eu não me preocupo com ele. Eu vou ao menos cortar o pão para você.

O PROFESSOR — E quem tira as folhas daqui?

PAWEL *corta um pedaço de pão, enquanto os outros imprimem* — As folhas vão ser tiradas pela mãe do revolucionário Pawel Wlassow, a revolucionária Pelagea Wlassowa. Ela se preocupa com ele? De jeito nenhum! Ela lhe traz chá? Prepara-lhe um banho? Mata uma vitela? De jeito nenhum. Fugindo da Sibéria para a Finlândia sob as rajadas glaciais do vento norte, com os tiros da guarda nos ouvidos, não encontra outro lugar onde pousar a sua cabeça senão em uma tipografia clandestina. E sua mãe, em vez de lhe afagar os cabelos, tira as folhas da máquina.

PELAGEA WLASSOWA — Se você quer nos ajudar, venha cá. O Andrej te dá um lugar.

*Pawel aproxima-se da impressora e toma lugar em frente à mãe. Recitam —*

PELAGEA WLASSOWA — Foi muito ruim para você, não?

PAWEL WLASSOW — Tudo ia bem até pegar o tifo.

PELAGEA WLASSOWA — Você ao menos comeu sempre bem?

PAWEL — Até não haver mais coisa alguma, sim.

PELAGEA WLASSOWA — Você precisa se cuidar: vai ficar fora muito tempo?

PAWEL — Se vocês aqui trabalharem bem, não.

PELAGEA WLASSOWA — Vocês lá também vão se empenhar?

PAWEL — Com certeza. E lá o trabalho é tão importante como aqui.

*Batem à porta. Sigorski entra.*

SIGORSKI — Pawel, você tem de partir imediatamente. Aqui está o bilhete. O camarada Issay o está esperando na estação com o passaporte.

PAWEL — E eu que pensava poder ficar ao menos algumas horas. *Apanha o casaco.*

PELAGEA WLASSOWA *tentando ajudá-lo com o casaco* — Eu vou acompanhá-lo.

SIGORSKI — Não, isso é perigoso para Pawel. A senhora é conhecida, mas ele não!

*Ela o ajuda novamente com o seu casaco.*

PAWEL — Até a vista, mãe.

PELAGEA WLASSOWA — Talvez possa lhe cortar o pão da próxima vez.

PAWEL — Talvez. Até mais ver, camaradas.

*Pawel e Sigorski saem.*

O PROFESSOR — Deus há de ajudá-lo, Pelagea Wlassowa.

PELAGEA WLASSOWA — Sei lá. *Volta para junto da impressora, continuam a imprimir. Pelagea Wlassowa recita —*

ELOGIO DA TERCEIRA COISA

Sempre se ouve, quão depressa
As mães perdem os filhos, mas eu
Preservei o meu. Como o preservei? Através
Da terceira coisa.
Ele e eu éramos dois, mas a terceira
Coisa comum, a causa comum, foi ela
Que nos uniu.
Eu mesma ouvi, às vezes,
Conversas entre filhos e pais.
Mas como eram melhores as nossas conversas
Sobre a terceira coisa, que nos era comum
Grande e comum para tantos homens!
Que perto nos encontrávamos, perto
Dessa coisa: Que bom era para nós, essa
Boa coisa perto!

## 10

## NA TENTATIVA DE ULTRAPASSAR A FRONTEIRA FINLANDESA, PAWEL WLASSOW FOI PRESO E FUZILADO

*Casa do Professor.*

*Pelagea Wlassowa está sentada na cozinha, com uma carta entre as mãos.*

CORO
*Cantado pelos trabalhadores revolucionários a Pelagea Wlassowa —*

Camarada Wlassowa, seu filho
Foi fuzilado. Mas
Ao dirigir-se ao paredão de fuzilamento
Era a um paredão feito por seus iguais que se dirigia.
E as armas que lhe apontavam o peito e as balas
Eram feitas por seus iguais. Já tinham partido
Ou sido expulsos, mas para ele ali permaneciam
Na obra das suas mãos. Nem sequer
Os que sobre ele atiraram eram diferentes ou eternamente
Irrecuperáveis
Além disso, acorrentavam-no cadeias
Forjadas por camaradas para acorrentar os camaradas.
As fábricas se adensavam, ele via pelo caminho,
Chaminés e chaminés, e como era manhã —
Pois costumam levá-los sempre de manhã —
Estavam vazias, mas ele as via repletas
Com aquela multidão, que sempre crescera
E ainda crescia.
Mas agora seus iguais o levavam ao paredão
E ele, que entendia, também não entendia.

*Quarto. Surgem três mulheres. Elas trazem uma Bíblia e uma panela de sopa.*

A Senhoria *à porta* — Nós devemos esquecer todas as desavenças com a Wlassowa e, como cristãs, sentar-nos com ela e mostrar a nossa compaixão.

*Elas entram.*

A Senhoria — Querida sra. Wlassowa, a senhora não está só nestes dias difíceis, a casa inteira sofre com a senhora.

*Duas das mulheres deixam-se tomar pela comoção e sentam-se. Soluçam alto.*

Pelagea Wlassowa *após um momento* — Tomem uma xícara de chá. Isso reconforta. *Traz o chá.* Estão um pouco melhor, agora?

A Senhoria — A senhora está tão tranqüila, sra. Wlassowa.

A Sua Sobrinha do Campo — Mas a senhora tem razão. Estamos todos nas mãos de Deus.

A MULHER POBRE — E Deus sabe o que faz.

*Pelagea Wlassowa silencia.*

A MULHER POBRE — A gente pensou que podia ajudar em alguma coisa. Na certa não vai poder cozinhar direito, nesses dias. Trouxemos uma panela de comida. Basta esquentar. *Dá a panela de comida.*

PELAGEA WLASSOWA — Muito obrigada, Lydia Antonowna. É muita amabilidade sua ter pensado nisso. É mesmo uma grande amabilidade de todas terem vindo aqui.

A SENHORIA — Querida Wlassowa, eu trouxe também uma Bíblia, no caso de a senhora querer ler alguma coisa. Pode ficar com ela o tempo que quiser.

*Estende a Bíblia a Pelagea Wlassowa.*

PELAGEA WLASSOWA — Agradeço-lhe a boa intenção, Wera Stepanowna. É um belo livro. Mas será que ficaria muito ofendida se eu não aceitasse? Antes de partir para as férias o professor me autorizou a utilizar todos os seus livros.

*Ela devolve a Bíblia.*

A SENHORIA — Eu só pensei que agora não iria querer ler os seus jornais políticos.

A SOBRINHA — A senhora os lê todos os dias?

PELAGEA WLASSOWA — Sim, leio.

A SENHORIA — Sra. Wlassowa, a Bíblia para mim tem sido freqüentemente um consolo.

*Silêncio.*

A MULHER POBRE — A senhora não tem nenhuma fotografia dele?

PELAGEA WLASSOWA — Não. Eu tinha algumas. Mas depois nós destruímos todas, para que a polícia não as apanhasse.

A MULHER POBRE — Sempre se gosta de ter alguma recordação.

A SOBRINHA — Ele devia ser um belo rapaz!

PELAGEA WLASSOWA — Agora eu me lembro de que ainda tenho uma fotografia, sim. Isto é o seu mandado de captura. Ele recortou para mim de um jornal.

*As mulheres examinam o mandado de captura.*

A SENHORIA — Sra. Wlassowa, mas aí está claro como água que o seu filho se tornou um criminoso. Não tinha qualquer crença e a senhora também jamais ocultou seus sentimentos a esse respeito. Eu devo dizer que nunca perdeu a ocasião de dizer o que pensa da nossa crença.

PELAGEA WLASSOWA — É, não, Wera Stepanowna.

A SENHORIA — E agora por acaso não mudou de opinião?

PELAGEA WLASSOWA — Não, Wera Stepanowna.

A SENHORIA — Então continua convencida de que o homem, só com a razão, pode fazer tudo?

A MULHER POBRE — Eu bem que lhe disse, Wera Stepanowna, que a sra. Wlassowa, com certeza, não ia mudar de opinião.

A SENHORIA — Mas eu já ouvi durante a noite, do outro lado da parede, como a senhora tem se lamentado.

PELAGEA WLASSOWA — Desculpe.

A SENHORIA — A senhora não precisa se desculpar, não falei com essa intenção. Mas diga: foi a razão que a fez chorar?

PELAGEA WLASSOWA — Não.

A SENHORIA — Então a senhora pode ver até onde se pode ir com a razão.

PELAGEA WLASSOWA — Não foi a razão que me fez chorar. Mas quando eu parei de chorar foi a razão que me fez parar. Porque a razão estava com Pawel. Foi bom o que Pawel fez.

A SENHORIA — Por que então ele foi fuzilado?

A MULHER POBRE — Estavam todos contra ele?

PELAGEA WLASSOWA — Sim, mas todos que estavam contra ele estavam também contra si próprios.

A SENHORIA — Sra. Wlassowa, o homem necessita de Deus. Ele é impotente contra o destino.

PELAGEA WLASSOWA — Nós costumamos dizer: o destino do homem é o homem.

A SOBRINHA — Querida sra. Wlassowa, nós no campo...

A SENHORIA *aponta para ela* — A minha sobrinha está aqui apenas de visita.

A SOBRINHA — Nós no campo pensamos de maneira diferente. Aqui a senhora não tem a semente na terra mas o pão no cesto. Vê apenas o leite, não vê a vaca. Não passam a noite sem dormir quando a trovoada percorre o céu, e para a senhora o que é o granizo?

PELAGEA WLASSOWA — Eu compreendo, e nessas situações rezam a Deus?

A SOBRINHA — Sim.

PELAGEA WLASSOWA — E depois vem a trovoada e o granizo. E a vaca também adoece. Ainda não há, para as suas bandas, nenhum camponês que esteja segurado contra as más colheitas e contra as pestes do gado? O seguro ajuda quando as rezas não adiantaram. Portanto vocês não precisam mais rezar a Deus quando a trovoada correr os céus, vocês precisam estar segurados. Isso os ajudará. Se Deus é tão pouco importante, pior para ele. Ainda resta a esperança de que, depois de desaparecer dos campos, desapareça também das suas cabeças. Na minha juventude as pessoas ainda acreditavam piamente que ele fosse um velho que habitava em algum lugar do céu. Depois apareceram os aviões e nos jornais colocaram que no céu tudo podia ser medido. Ninguém mais falou de um Deus que habitava no céu. Em compensação agora se ouvia a opinião de que Deus era como um gás que não estava em parte alguma e, no entanto, estava em todas as partes. Mas ao ler-se a composição dos gases, não constava Deus, e nem como ar pôde manter-se, pois o ar já se conhecia. Assim ele foi sempre se rarefazendo, e por assim dizer como que se volatizou. Agora lê-se, de vez em quando, que ele nada mais é que uma concepção espiritual, e isso é ainda bastante suspeito.

A Mulher Pobre — Então a senhora acha que ele não é mais tão importante, já que a gente nem nota?

A Senhoria — Não se esqueça nunca, sra. Wlassowa, porque Deus levou seu Pawel.

Pelagea Wlassowa — O Tzar o levou e não esquecerei nunca o porquê.

A Senhoria — Foi Deus quem o levou e não o Tzar.

Pelagea Wlassowa *para a Mulher Pobre* — Lydia Antonowna, eu ouvi que Deus, que já levou o meu Pawel, pensa agora, no próximo sábado, levar também a sua casa. É verdade? Deus despejou a senhora?

A Senhoria — Eu a despejei porque estava há três meses sem pagar o aluguel.

Pelagea Wlassowa — Então, Wera Stepanowna, quando Deus determinou que a senhora não recebesse três aluguéis, o que fez a senhora?

*Wera Stepanowna silencia.*

PELAGEA WLASSOWA — Pôs a Lydia Antonowna no olho da rua. E a senhora, Lydia Antonowna, o que fez a senhora quando Deus determinou que a senhora deveria ir parar no olho da rua? Eu gostaria de sugerir que a senhora peça emprestada a Bíblia à senhoria. Quando estiver sentada à beira da calçada, no frio, a senhora poderá ler para os seus filhos as páginas onde se diz que devemos temer a Deus.

A SENHORIA — Se a senhora tivesse lido mais a Bíblia para seu filho ele ainda viveria.

PELAGEA WLASSOWA — Mas muito mal, ele viveria muito mal. Meu filho não temia tanto a morte. *Ela recita* —

Mas se assustava com a miséria
Que em nossas cidades salta aos olhos de todos.
A nós horroriza a fome e a degradação
Daqueles que a sofrem e daqueles que a preparam.
Não temam tanto a morte, mas a insuficiência da vida!

*Pausa.* De que lhe serve temer a Deus, Lydia Antonowna? A senhora devia antes temer a Wera Stepanowna. Não foram os desígnios insondáveis de Deus que levaram meu Pawel, mas sim os desígnios sondáveis do Tzar, e se a Wera Stepanowna a pôs na rua, foi porque um homem que vive num palacete e não tem em si nada de divino a despediu do seu emprego. Por que falar de Deus? Dizem-nos que na casa de Deus há muitas moradas, mas que elas em Rostow são muito poucas e o porquê disso ninguém nos diz.

A MULHER POBRE — Me dê aqui a Bíblia, Wera Stepanowna. Na Bíblia está muito claro: amai o próximo. Por que a senhora me despejou? Me dê a Bíblia e eu vou lhe mostrar. Agora está claro que o Pawel foi fuzilado porque era um operário e estava ao lado dos operários. *Agarra a Bíblia.* Me dê a Bíblia aqui, eu vou lhe mostrar.

A SENHORIA — Para isso não lhe empresto a Bíblia, para isso não.

A MULHER POBRE — Para que, então? Pra coisa boa não há de ser!

A SENHORIA — Isto é a palavra de Deus!

A MULHER POBRE — Certo. O seu Deus não serve de nada se eu não o perceber. *Tenta arrancar a Bíblia da Senhoria.*

A SENHORIA — Agora eu vou abrir a Bíblia precisamente onde fala nos atentados contra a propriedade alheia.

A MULHER POBRE — Eu quero esse livro.

A SENHORIA *segura fortemente a Bíblia* — É minha propriedade.

A MULHER POBRE — Assim como a casa toda, não é?

*A Bíblia fica em pedaços.*

A SOBRINHA *apanha os pedaços da Bíblia* — Agora rasgou-se.

PELAGEA WLASSOWA *que pôs a panela de comida em segurança* — Antes a Bíblia rasgada do que a sopa entornada.

A MULHER POBRE — Se eu não acreditasse que lá em cima existe um Deus que a todos castiga, bons e maus, eu entraria ainda hoje para o partido de Pelagea Wlassowa. *Sai.*

A SENHORIA — Está vendo, Pelagea Wlassowa, para onde a senhora levou a Lydia Antonowna? Foi por falar assim que o seu filho foi fuzilado, e a senhora não merece nada melhor. Vamos. *Sai com a Sobrinha.*

PELAGEA WLASSOWA — Infelizes. *Senta-se exausta.* Pawel!

## 11

## A MORTE DE SEU FILHO E OS ANOS DA REAÇÃO STOLYPINISTA PARALISARAM A ATIVIDADE REVOLUCIONÁRIA DE WLASSOWA. DOENTE E DE CAMA ELA RECEBE A NOTÍCIA DA ECLOSÃO DA GUERRA MUNDIAL

*Casa do Professor.*

O Professor *para o médico* — Anda adoentada desde que o filho morreu. Não me refiro ao trabalho caseiro, mas ao outro trabalho a que costumava se dedicar, esse não o faz mais.

O Médico — Está completamente esgotada e não deve levantar-se em nenhuma circunstância, ela já é bastante idosa. *Sai.*

*O Professor vai para a cozinha e senta-se na cama de Wlassowa.*

Pelagea Wlassowa — O que diz no jornal?

O Professor — Estourou a guerra.

Pelagea Wlassowa — Guerra? E nós, o que fazemos?

O Professor — O Tzar decretou o estado de sítio. De todos os partidos socialistas só os bolcheviques se pronunciaram contra a guerra. Nossos cinco deputados da Duma já foram presos e deportados para a Sibéria por crime de alta traição.

Pelagea Wlassowa — Isso é mau. Se o Tzar se mobiliza, nós trabalhadores precisamos também nos mobilizar. Eu tenho de me levantar.

O Professor — A senhora não pode se levantar. A senhora está doente. E que podemos nós fazer contra o Tzar e todos os potentados da Europa? Vou sair para comprar o suplemento extra. Agora eles vão acabar com o partido. *Ele sai.*

Coro
*Cantado a Wlassowa pelos operários revolucionários* —

De pé, o partido está em perigo!
Se adoeces, morre o partido.
Estás fraca, mas tens de ajudar!
De pé, o partido está em perigo!

Duvidaste de nós
Não duvides mais:
Estamos no fim.
Censuraste o partido
Será destruído.

De pé, o partido está em perigo!
Levanta depressa!
Estás doente, mas precisamos de ti.
Não morras, precisamos ajudar-nos.
Não fique de fora, vamos à luta.
De pé, o partido está em perigo, de pé!

*Durante este coro Pelagea Wlassowa levanta-se a custo e veste-se. Pega a bolsa e debilmente, mas sempre andando rápido, atravessa o quarto em direção à porta e sai.*

## 12

## CONTRA A CORRENTE

*Esquina de rua.*

*Alguns operários trazem Pelagea Wlassowa que está ferida e sangrando para o canto de uma casa.*

PRIMEIRO OPERÁRIO — O que há com ela?

SEGUNDO OPERÁRIO — Vimos esta velha no meio da multidão que aplaudia as tropas que partiam em marcha. De repente, ela gritou: "Abaixo a guerra, viva a revolução!". Então vieram os policiais e começaram a descer o cacete em sua cabeça. Nós logo a puxamos para este canto da casa. Limpe o rosto dela!

OS OPERÁRIOS — Agora foge, minha velha, senão ainda te pegam!

PELAGEA WLASSOWA — Onde está a minha bolsa?

OS OPERÁRIOS — Está aqui.

PELAGEA WLASSOWA — Esperem! Aqui na minha bolsa eu tenho alguns panfletos! Neles está a verdade sobre a situação dos operários na guerra. A verdade!

OS OPERÁRIOS — Vai para casa, velha, deixa a verdade na tua bolsa. A verdade é perigosa. Se a surpreendem entre nós, seremos presos. Você já não apanhou o bastante?

Pelagea Wlassowa — Não, não, vocês precisam saber disso. A ignorância, ela é o que nos oprime.

Os Operários — E a polícia.

Pelagea Wlassowa — Eles também são ignorantes.

Os Operários — Mas os nossos chefes nos dizem que devemos primeiro ajudar a derrotar os alemães e defender a nossa terra.

Pelagea Wlassowa *recita* —

Que chefes são esses?
Lado a lado vocês lutam com o inimigo da classe
Operário contra operário.
A sua organização, duramente construída
Com os tostões da renúncia, é destruída.
E esquecida está a solidariedade
De todos os trabalhadores de todo o mundo.

Os Operários — Tudo isso já não vale mais nada. Nós fizemos greves contra a guerra em muitas fábricas. Nossas greves foram derrotadas. A revolução não vem mais. Vai para casa, velha, reconhece o mundo como ele é. O que vocês querem não virá jamais, jamais, jamais!

Pelagea Wlassowa — Leiam então, ao menos, o que nós dizemos sobre a situação, não querem? *Estende-lhes os panfletos.* Nem ao menos querem ler?

Os Operários — Nós sabemos que vocês têm boa intenção, mas não queremos pegar mais os seus panfletos. Não queremos mais nos arriscar.

Pelagea Wlassowa — Sim, mas pensem, o mundo inteiro — *gritando, enquanto os Operários assustados tapam-lhe a boca* vive em trevas profundas e vocês eram os únicos que até agora ainda podiam ser chamados à razão. Pensem, quando fraquejarem!

# 13

## 1916. OS BOLCHEVISTAS LUTAM INCANSAVELMENTE CONTRA A GUERRA IMPERIALISTA

*Centro Patriótico da Coleta de Cobre.*

*Diante de uma porta com uma bandeira e a inscrição "Centro Patriótico da Coleta de Cobre", sete mulheres esperam com utensílios de cobre, em fila. Entre elas Pelagea Wlassowa, com um pequeno copo. Um funcionário surge e abre a porta.*

FUNCIONÁRIO — Acaba de ser anunciado que os nossos heróicos soldados com coragem exemplar arrebataram pela quarta vez das mãos do inimigo a fortaleza de Przemsyl. Cem mil mortos e dois mil prisioneiros. O Alto Comando decretou que em toda a Rússia as escolas fossem fechadas e que os sinos tocassem. Viva a nossa Santa Rússia! Viva! Viva! Viva! O guichê para a entrega do cobre abrirá em cinco minutos. *Entra.*

PELAGEA WLASSOWA — Viva!

UMA MULHER — É mesmo uma maravilha que a nossa guerra avance assim!

PELAGEA WLASSOWA — Eu só tenho um pequeno presentinho. Isso dá no máximo para cinco, seis cartuchos. Quantos desses acertarão o alvo? Dos seis, talvez dois e dos dois quem sabe um será mortal? A sua chaleira já dá pelo menos para vinte cartuchos e a cafeteira da senhora lá na frente é o bastante para uma granada. Uma granada, isso leva de uma só vez de cinco a seis homens. *Conta os utensílios.* Um, dois, três, quatro, cinco, seis, sete, alto, a senhora tem dois, portanto oito. Com isso já se pode levar a cabo outro pequeno assalto aos inimigos. *Ri baixo.* Por pouco não trazia o meu copinho. Eu encontrei dois soldados, deviam ser denunciados, que me disseram: "É, vai lá entregar o teu cobre, cabra velha, com isso essa guerra não acaba nunca". O que dizem disso? Não acham terrível? "Vocês", disse eu, "deviam ser fuzilados. E ainda que o meu copinho", acrescentei, "só desse para que se calasse a sua boca nojenta, ainda assim não seria inútil entregá-lo. Para dois cartuchos ele há de bastar." Pois para que venho eu Pelagea Wlassowa fazer minha doaçãozinha? Eu a faço para que a guerra não acabe!

MULHER — De que está falando? Que a guerra não acaba se nós trazemos o cobre? Nós trazemos para com isso acabar a guerra!

PELAGEA WLASSOWA — Não, nós o trouxemos para que ela não acabe!

UMA MULHER VESTIDA DE PRETO — Não, se tiverem o cobre e puderem fabricar granadas, então hão de vencer muito mais depressa na frente de batalha e a guerra acaba.

PELAGEA WLASSOWA — Ah, se tiverem granadas, aí mesmo é que não acaba, porque podem continuar. Enquanto tiverem munição, continuam. Do outro lado também se fazem doações.

MULHER *aponta para o letreiro* — "Quem doa cobre, abrevia a guerra." A senhora não sabe ler?

PELAGEA WLASSOWA — Quem doa cobre, prolonga a guerra. Isso é só para espiões.

A MULHER VESTIDA de PRETO — Mas então, por que a senhora deseja que a guerra seja prolongada?

PELAGEA WLASSOWA — Porque daqui a meio ano meu filho fica segundo sargento. Daqui a dois assaltos meu filho vira segundo sargento. E então ele vai ter o saldo dobrado. E depois precisamos tomar também a Armênia e a Galícia e a Turquia, que precisamos demais.

A MULHER VESTIDA de PRETO — Do que é que nós precisamos?

PELAGEA WLASSOWA — Da Turquia. E o dinheiro que tomamos emprestado à França, precisamos também pagá-lo. Neste aspecto é uma guerra de libertação.

MULHER — Naturalmente. Claro que é uma guerra de libertação. Mas nem por isso precisa durar por toda a eternidade.

PELAGEA WLASSOWA — Não, mas pelo menos ainda um meio ano.

A MULHER VESTIDA de PRETO — E a senhora acha que é o quanto vai durar se conseguirem o cobre?

PELAGEA WLASSOWA — Claro. Os soldados o conseguem de graça. A senhora também tem alguém na frente?

A MULHER VESTIDA de PRETO — Sim, o meu filho.

PELAGEA WLASSOWA — Veja, a senhora tem o filho na frente e ainda vem aqui doar o cobre. Então a guerra vai durar uns bons seis meses.

A MULHER VESTIDA de PRETO — Agora é que estou não entendendo mais nada. Uma hora, dizem, a guerra fica mais curta; outra, fica mais longa. Em que se deve acreditar? Já perdi meu marido e meu filho está às portas de Przemysl. Eu vou para casa. *Ela sai.*

*Os sinos começam a repicar.*

MULHER — Os sinos da vitória!

PELAGEA WLASSOWA — Sim, vencemos! Nós doamos nossos copinhos, nossas chaleiras e cafeteiras, mas vencemos! Não temos mais nada para comer, mas vencemos! Ou você é pelo Tzar e sua vitória ou você é contra ele. Vencemos, mas precisamos também vencer! Senão haverá com certeza uma revolução. E que será então do nosso querido Tzar? Nós precisamos estar ao seu lado em tempos como estes. Vejam os alemães. Eles já estão comendo folhas de árvore por seu Kaiser!

MULHER — Mas o que anda a senhora falando, na verdade? Ainda não faz um minuto uma mulher pegou a sua chaleira e foi-se embora por sua causa.

UMA OPERÁRIA — Também a senhora não tinha nada que dizer a ela que deseja que a guerra dure mais tempo. Isso ninguém pode desejar!

PELAGEA WLASSOWA — O quê? E o Tzar? E os generais? A senhora acha que eles temem a guerra com os alemães? Aquilo significa:

sempre acabar com o inimigo! É vencer ou morrer! É assim mesmo. Está ouvindo os sinos? Eles só tocam nas vitórias ou nas mortes. Por que então a senhora é contra a guerra? Quem é a senhora, afinal? Se não me engano nós aqui somos gente fina. A senhora não é operária? A senhora é operária ou não é? Nem isso admite? Só está aqui para nos adular. Mas não se esqueça que entre nós e gente como a senhora existe ainda uma diferença!

Uma Criada — Não devia dizer-lhe isso. Ela também dá as suas coisas para a pátria.

Pelagea Wlassowa *para a operária* — Bobagens. Com toda a certeza não veio para cá de coração aberto. Para que lhe serve a guerra? Está aqui por pura hipocrisia, por isso está aqui. Nós podemos muito bem nos arranjar sem gente de sua laia. Esta guerra é nossa! Ninguém se opõe a que os operários colaborem, mas além disso nada mais lhes diz respeito. Vai para a sua fábrica e veja se lhe aumentam o salário, e não se meta onde não é chamada. *Para a criada* — Pode ficar com os seus trastes se ela insistir em entregá-los.

*A Operária vai embora indignada.*

Terceira Mulher — Mas afinal quem é que anda por aí com discurseiras?

Quarta Mulher — Já faz meia hora que ouço como ela espanta as pessoas.

Segunda Mulher — Vocês sabem o que ela é? É uma bolchevista!

As Mulheres — Na sua opinião ela é uma bolchevista. É uma espertalhona. Não lhe dêem atenção nem se deixem levar por ela. Tomem cuidado com o bolchevismo, tem mais de mil caras. Se passar por aqui algum policial deve simplesmente levá-la.

Pelagea Wlassowa *abandona a fila* — Sim, eu sou uma bolchevique. Mas vocês são assassinas, vocês aí paradas! Nenhum animal sacrificaria seus filhos, como vocês os seus; insensata e estupidamente, por uma causa ruim. Seus peitos deviam secar. Deviam arrancar-lhes as entranhas e vocês deviam ficar estéreis, vocês aí paradas! Seus filhos não necessitam regressar. Para que espécie de mães? Pegaram em armas por uma causa ruim e deverão morrer por uma causa ruim. Mas vocês são as assassinas.

PRIMEIRA MULHER *vira-se* — Eu vou lhe mostrar, sua bolchevista, o que você merece!

FUNCIONÁRIO — O guichê para a entrega do cobre está aberto!

*A mulher, empunhando a cafeteira, dirige-se a Pelagea Wlassowa e dá-lhe uma bofetada no rosto. Uma outra também se vira e cospe em sua direção. Depois as três mulheres entram.*

A CRIADA — Não se aborreça com isso. Mas diga-me o que devo fazer. Eu sei que vocês, bolchevistas, são contra a guerra, mas eu sou criada e não posso voltar a aparecer para meus patrões com essas cafeteiras de cobre. Eu não queria entregá-las. Mas se eu não entregar, não terei ajudado ninguém e ainda vou para o olho da rua. O que devo fazer?

PELAGEA WLASSOWA — Você sozinha não pode fazer nada. Entregue as cafeteiras em obediência aos seus patrões. Em obediência aos seus patrões pessoas como você vão transformá-las em munição. E pessoas como você vão dispará-las. Mas, então, pessoas como você devem decidir contra quem! Venha esta noite à — *diz-lhe o endereço no ouvido.* Um operário da Fábrica Putilow vai falar, e nós vamos lhe explicar o que deve fazer. Mas não dê o endereço a ninguém que não deva sabê-lo.

## 14

## 1917. NAS FILEIRAS DOS OPERÁRIOS EM GREVE DOS MARINHEIROS AMOTINADOS MARCHA PELAGEA WLASSOWA, "A MÃE"

*Rua.*

IWAN — Quando chegamos à Avenida Lybin já éramos muitos milhares. Cerca de 50 fábricas estavam em greve e os grevistas se juntaram para uma manifestação contra a guerra e a opressão tzarista.

Wassil Jefimowitsch — No inverno de 1916/17, 250 000 homens estavam em greve nas fábricas.

A Criada — Levantávamos cartazes que diziam: "Abaixo a guerra! Viva a revolução!" e bandeiras vermelhas. Nossa bandeira era carregada por uma mulher de sessenta anos. Nós lhe dissemos: "A bandeira não é muito pesada? Pode nos dar". Mas ela respondeu:

Pelagea Wlassowa — Não, quando eu estiver cansada eu a entregarei. Aí, será você a levá-la. Porque eu, Pelagea Wlassowa, viúva de um operário e mãe de um operário, ainda tenho o que fazer! Quando eu, há muitos anos, vi com desespero que meu filho já não podia matar a fome, comecei por lamentar-me. As coisas não mudaram. Depois, ajudei-o na luta pelo copeque. Então, faríamos pequenas greves pela melhoria dos salários. Agora estamos numa greve gigantesca nas fábricas de munição e lutamos pelo poder do Estado.

A Criada — Muitos dizem que o que queremos não virá nunca. Deveríamos nos contentar com o que temos. O poder dos senhores é indestrutível. Nós seríamos sempre, e cada vez mais, derrotados. Mas muitos operários dizem: Nunca mais!

Pelagea Wlassowa *recita* —

Quem ainda vive, não diga: jamais!
O certo não está certo
Assim, como está, não ficará.
Quando os opressores tiverem falado
Hão de falar os oprimidos.
Quem ousa dizer: jamais!
Se a opressão permanece a quem se deve? A nós.
A quem se deve se for esmagada? A nós também.
Quem for derrubado, levante-se!
Quem estiver perdido, lute ainda!
Quem conhece a situação, por que ficará parado?
Pois os vencidos de hoje são os vencedores de amanhã
E o jamais se tornará: Já.

# Os sete pecados capitais dos pequeno-burgueses

Ballet

Die sieben Todsuenden der Kleinbuerger

Escrita em 1933
Estréia: 7.6.1933, em Paris

Tradução: Fernando Peixoto

## OS SETE PECADOS CAPITAIS DOS PEQUENO-BURGUESES

PREGUIÇA
na prática da injustiça

ORGULHO
do melhor de si mesmo (incorruptibilidade)

IRA
contra a infâmia

GULA
(saciedade, glutoneria)

LUXÚRIA
(amor desinteressado)

AVAREZA
no roubo e na trapaça

INVEJA
dos que são felizes

*O balé deve ser a representação da viagem de duas irmãs vindas dos estados do Sul que querem dinheiro para construir uma pequena casa para si e sua família. Ambas se chamam Anna. Uma das duas Annas é a empresária, a outra é a artista; a primeira (Anna I) é a vendedora, a outra (Anna II) é a mercadoria. No palco há um pequeno painel onde será mostrado o percurso da viagem através de sete cidades, e diante dele está Anna I com um pequeno ponteiro. No palco está também o cenário do mercado, que será sempre transformado, ao qual Anna II é enviada pela irmã. No final de cada uma das cenas, que mostram como os sete pecados capitais podem ser evitados, Anna II regressa para junto de Anna I. No palco está também a família das duas: o pai, a mãe e dois filhos, na Louisiana, e atrás deles cresce a pequena casa, que será ganha se os sete pecados capitais forem evitados.*

CANÇÃO DA IRMÃ

Minha irmã e eu somos da Louisiana
Onde as águas do Mississípi deslizam sob o luar
Como vocês podem saber pelas canções
E queremos um dia voltar para lá
Quanto mais cedo melhor.

Faz quatro semanas que chegamos
Nas grandes cidades, para tentar nossa sorte
Achamos que em sete anos teremos conseguido
Então voltaremos
Mas melhor seria em apenas seis anos.

Pois nossos pais e dois irmãos nos esperam na
Louisiana
A eles enviamos todo o dinheiro que ganhamos
E com esse dinheiro será construída
Uma pequena casa à beira do Mississípi, na Louisiana
Não é verdade Anna?
Sim, Anna.

Minha irmã é bonita, eu sou prática.
Minha irmã é um pouco tonta, eu tenho juízo.
No fundo não somos duas pessoas

Mas uma só.
Nós duas nos chamamos Anna
Temos um passado e um futuro
Um coração e uma caderneta de poupança
E cada uma só faz o que é bom para a outra
Não é verdade, Anna?
Sim, Anna.

## 1

## PREGUIÇA

*Esta é a primeira cidade da viagem e, para conseguirem o primeiro dinheiro, as irmãs fazem uso de um truque. Vagando pelo parque da cidade, procuram encontrar casais. Anna II precipita-se sobre o homem como se já o conhecesse, abraça-o, censura-o etc., ou seja, deixa-o numa situação de embaraço, enquanto Anna I procura conter a irmã. Aí, de repente, Anna II vai para cima da mulher e ameaça-a com sua sombrinha, enquanto Anna I procura extorquir dinheiro do homem com a promessa de afastar a irmã. Praticam este golpe de forma muito rápida e repetidas vezes. Mas então acontece que Anna I, enquanto atrai um homem que se separou da mulher, procurando extorquir-lhe dinheiro e confiando que a irmã está molestando a companheira dele, descobre, assustada, que sua irmã, em vez de trabalhar, está no banco sentada e dormindo. É obrigada a acordá-la e fazê-la voltar ao trabalho.*

### CANÇÃO DA FAMÍLIA

Tomara que nossa Anna se esforce
Ela foi sempre um pouco peculiar e comodista
E quando não era jogada para fora da cama
Ela não se levantava de manhã
E por isso dizíamos sempre: a preguiça
É o princípio de todos os vícios, Anna.

Por outro lado, nossa Anna
É uma criança muito sensata
Obediente e dedicada a seus pais

E por isso esperamos que ela também
Não deixará de cumprir seus deveres
Quando estiver longe de casa.

## 2

## ORGULHO

*Um cabaré pequeno e sujo. Anna II em cena é recebida pelos aplausos de quatro ou cinco fregueses de aspecto tão horrível que fica bastante assustada. Está pobremente vestida, mas dança com muita categoria, dá o melhor de si e não obtém êxito. Os fregueses estão infinitamente entediados, bocejam como tubarões (suas máscaras mostram dentes pavorosos em bocas gigantescas), jogam objetos em direção ao palco e com tiros derrubam a única lâmpada que existe. Anna II continua dançando, entregue à sua arte, até que o patrão faz com que saia do palco e manda para lá outra dançarina, velha e gorda, que mostra a Anna como se deve fazer para arrancar aplausos. A gorda dança de maneira ordinária e sensual e obtém grande sucesso. Anna recusa-se a dançar daquela maneira. Mas Anna I, que estava junto ao palco e havia sido a única a aplaudir a irmã e a chorar ao ver seu fracasso, incentiva-a a dançar como lhe pedem. Arranca sua saia demasiado comprida e manda-a de volta para o palco, onde a gorda lhe ensina como dançar levantando a saia cada vez mais sob o aplauso do público. E é ela que trás a alquebrada irmã de volta para perto do pequeno painel, para consolá-la.*

### CANÇÃO DA IRMÃ

Quando já estávamos arrumadas
Roupas, vestidos e chapéus
Encontramos uma vaga de dançarina num cabaré
Em Mênfis, a segunda cidade de nossa viagem.

Ah, não foi fácil para Anna
Vestidos e chapéus fazem uma garota ficar pretensiosa
Então ela quis ser uma artista e fazer arte
Em Mênfis, a segunda cidade de nossa viagem

Mas não é isso
Que as pessoas querem.

Pois as pessoas pagam e querem
Que algo lhes seja mostrado em troca do dinheiro
Mas quando alguém esconde sua nudez como um peixe podre
Não pode esperar nenhum aplauso.

Então falei sério com minha irmã: Anna,
Orgulho é coisa para gente rica!
Faça o que lhe pedem, não aquilo
Que gostaria que lhe pedissem.

Muitas noites ela me deu muito trabalho
Curá-la de seu orgulho não foi fácil!
E eu a consolava e dizia:
Pense na nossa casa na Louisiana!
E então ela respondia: Sim, Anna.

CANÇÃO DA FAMÍLIA

Isso não vai para a frente!
O que elas mandam
Não é bastante para se construir uma casa!
Elas devoram tudo que ganham!
É preciso passar um sabão nelas
Senão isso não vai para a frente.
O que elas mandam
Não é bastante para se construir uma casa!
É preciso passar um sabão nelas
Elas devoram tudo que ganham.

## 3

## IRA

*Anna trabalha como figurante numa filmagem. O astro, um homem com o tipo de Douglas Fairbanks, salta a cavalo por cima de um cesto de flores. Como o cavalo é desajeitado, o astro o chicoteia. O cavalo cai e, apesar do cobertor que colocam por baixo dele e do açúcar que oferece à sua frente, não consegue mais levantar-se. O astro bate nele novamente e, nesse momento, a pequena figurante avança, arranca o chicote das mãos do astro e chicoteia-o, possuída pela ira. É imediatamente despedida. Mas a irmã precipita-se em direção a ela e faz com que se ajoelhe aos pés do astro e beije-lhe a mão, conseguindo assim que ele novamente a recomende ao diretor.*

CANÇÃO DA IRMÃ

Agora tudo avança. Agora já estamos em Los Angeles.
As portas estão todas abertas para as figurantes.
Se agora nos esforçarmos
E evitarmos cada passo em falso
Será irresistível a nossa ascensão.

Quem cai nos braços da injustiça
Ninguém recebe em lugar algum.
Aquele que se revolta diante da brutalidade
Está buscando seu próprio túmulo.
Aquele que não tolera a infâmia
Como será tolerado?
Aquele que não tem culpa
Expiará aqui na terra.

Assim curei minha irmã de sua ira
Em Los Angeles, a terceira cidade da nossa viagem
E da reprovação pública da injustiça
Que tanto será castigada.
Eu sempre dizia a ela: controle-se, Anna
Você sabe bem onde leva a falta de controle!
E ela me dava razão e dizia:
Eu sei, Anna.

## 4

## GULA

*Anna é agora uma estrela. Assinou um contrato segundo o qual tem que manter o peso e por isso não pode comer nada. Um dia, rouba uma maçã e come-a escondida, mas, quando é pesada, está com um grama a mais e o empresário arranca os cabelos. A partir de então passa a ser vigiada pela irmã na hora de comer. É servida por dois criados armados de revólver e do prato em que todos se servem, ela só pode pegar uma pequena porção.*

CANÇÃO DA FAMÍLIA

Chegou uma carta de Filadélfia
Anna está bem, finalmente está ganhando dinheiro.
Tem um contrato como dançarina
Que não lhe permite comer demais.
Vai ser difícil: ela é muito comilona.
Que consiga cumprir o contrato!
Não querem nenhum hipopótamo em Filadélfia
É claro.

É pesada todos os dias
Ai dela, se tiver um grama a mais
Porque o ponto de vista deles
É que compraram 52 quilos
E o que passar disso é mau.

Mas Anna é muito compreensiva!
Ela vai tomar cuidado, que contrato é contrato
Ela dirá: finalmente você poderá comer
Na Louisiana, Anna. Massa folhada! Escalope! Frango!
E aqueles bolinhos dourados de mel!

Pense em nossa casa na Louisiana!
Veja, ela está crescendo, um andar depois do outro, ela cresce!
Cuidado: gula faz mal!

## 5

## LUXÚRIA

*Anna tem agora um amigo muito rico — que a ama e lhe traz vestidos e jóias — e um amante — que ela ama e que lhe rouba as jóias. Anna I repreende-a e determina que ela se separe de Fernando e que seja fiel a Edward. Mas um dia Anna II passa por um café e vê Anna I sentada em companhia de Fernando, que agora anda atrás dela sem sucesso. Anna II lança-se sobre Anna I e ambas rolam no chão diante de Edward e de seus amigos, dos curiosos que correm para ver o que se passa e das crianças da rua. As crianças apontam o precioso traseiro dela e Edward afasta-se horrorizado. Então Anna I censura a irmã e faz com que mais uma vez ela volte para Edward, depois de comovente despedida de Fernando.*

CANÇÃO DA IRMÃ

E encontramos um homem em Boston
Que pagava bem e por amor.
E eu tive um problema com minha irmã
Pois ela também amava: mas amava outro.
E ela pagava, também por amor.

Ah, eu lhe dizia muitas vezes: sem ser fiel
Você vale no máximo a metade do seu preço
Ninguém paga por uma porca assim,
Paga apenas a quem respeita!
    Só pode fazer assim
    Quem não depende de ninguém
    Não tem razão para rir
    Quem sua própria situação esquece.

Eu lhe dizia: não sente entre duas cadeiras!
Depois fui visitá-lo
E lhe falei: tais sentimentos
São a ruína da minha irmã.
    Só pode fazer assim
    Quem não depende de ninguém.
    Não tem razão para rir
    Quem esquece de si mesmo.

Infelizmente muitas vezes encontrei Fernando
Entre nós não havia nada! Ridículo!
Mas infelizmente minha irmã nos viu e

Logo se jogou em cima de mim.
São essas infelizmente as coisas
Que tanto a gente esquece!
Não há mesmo nada que se possa fazer
Quando as aparências estão contra nós.

E ela mostrava sua bunda branca
Mais valia que uma pequena fábrica
Gratuitamente aos curiosos e às crianças da rua
Ao olhar profano do mundo.
Coisas assim sempre acontecem
Quando a gente de si esquece!
Só pode fazer assim
Quem não depende de ninguém.

Ah, foi difícil endireitar tudo!
Despedir-se de Fernando, e a Edward
Pedir desculpas! E as longas noites
Em que ouvia minha irmã chorar e dizer:
Assim está certo, Anna, é tão difícil.

## 6

## AVAREZA

*Depois de pouco tempo Edward está arruinado por causa de Anna e suicida-se com um tiro. Nos jornais aparecem comentários lisonjeiros sobre Anna, os leitores saúdam-na respeitosamente com o chapéu e com o jornal na mão correm atrás dela para logo se arruinarem. Mas quando, algum tempo depois, um segundo jovem roubado por ela se joga pela janela, a irmã intervém e salva um terceiro que estava a ponto de se enforcar, retoma o dinheiro que dele Anna II havia roubado e devolve-o. Faz isso porque todos já começavam a evitar a irmã, que por sua cobiça passou a ter má reputação.*

### CANÇÃO DA FAMÍLIA

Como está escrito no jornal, nossa Anna
Está agora no Tennessee,e por causa dela

Muita gente se mata: ela irá fazer muito dinheiro com isso.

Se essas coisas aparecem no jornal
Isso é bom! Constrói um nome! E ajuda
Uma garota a subir na vida

Se ela não for
Demasiado ávida
Senão todos logo
Dela se afastarão.
Quem mostra sua avareza
Provoca um vazio em torno de si
Será apontado com o dedo
Aquele cuja avareza não tem limite.
Quando uma mão toma
A outra deve dar
É dando que se recebe, assim é que deve ser!
Libra por libra
Essa é a lei!

Esperemos que nossa Anna se mostre sensata
E não arranque a última camisa das pessoas
Mas sim compreenda: a crua avareza
Não vale como recomendação.

## 7

## INVEJA

*Mais uma vez, vê-se Anna andando pela cidade grande. Em seu caminho ela avista outras Annas (todos os bailarinos usam máscaras de Anna) que se entregam à ociosidade, etc., cometendo despreocupados todos os pecados capitais que a ela são proibidos. Em um balé se representa o tema:* Os últimos serão os primeiros; *enquanto as outras Annas orgulhosas se movimentam na luz, Anna II arrasta-se penosamente e curvada, mas em seguida começa sua ascensão, ela se torna mais e mais orgulhosa, finalmente em triunfo, enquanto as demais Annas decaem humildemente e abrem passagem para ela.*

## CANÇÃO DA IRMÃ

E a última cidade de nossa viagem foi São Francisco.
Tudo corria como desejado. Agora Anna
Andava sempre cansada e invejava
Aquele que podia passar
Incorruptível e orgulhoso
Revoltado contra a brutalidade
Abandonado a seus impulsos, um felizardo!
Amando somente o amado e
Apropriando-se abertamente de tudo que necessita!
E eu dizia à minha pobre irmã:

Irmã, todos nós nascemos livres
Se nos agrada, podemos caminhar na luz
Como de cabeça erguida andam em triunfo os tolos
Mas para onde vão, isso não sabem.

Irmã, me siga e renuncie aos prazeres
Que você e outros perseguem
Ah, deixe-os aos insensatos
Que não temem o fim que os espera.

Não coma, não beba e não seja preguiçosa
Pense nos castigos que provoca o amor!
Pense no que será de você se fizer o que a fascina!
Não gaste a juventude: ela passa!

Irmã, me siga e verá que no fim
Você triunfará sobre tudo
Eles entretanto ficam, oh, terrível mudança!
Tremendo no nada diante da porta fechada.

## CANÇÃO DA IRMÃ

Então minha irmã e eu voltamos para a Louisiana
Onde as águas do Mississípi deslizam sob o luar
Como vocês podem saber pelas canções.
Faz sete anos que viemos para as grandes cidades

Para tentar nossa sorte: agora
Conseguimos.
Agora ela está construída, agora ela está lá de pé
Nossa pequena casa na Louisiana
Nossa pequena casa à beira do rio Mississípi, na Louisiana.

Impressão e acabamento
OESP Gráfica S.A. (com filmes fornecidos pelo Editor)
Depto. Comercial - Av. Prof. Celestino Bourroul, 100 - 4º and.
Tel.: 856-2401/856-2425
Fax.: 856-2483.